**Gebrauchsanweisung
für Finnland**

Roman Schatz

**Gebrauchsanweisung
für Finnland**

Piper München Zürich

www.cpibooks.de/klimaneutral

Mehr über unsere Autoren und Bücher:
www.piper.de

Für Lili und Oskar

ISBN 978-3-492-27581-1
3. Auflage 2012
© Piper Verlag GmbH, München 2010
Satz: le-tex publishing services GmbH, Leipzig
Karte: cartomedia, Karlsruhe
FSC-Papier: Munken Premium von Arctic Paper Munkedals AB, Schweden
Druck und Bindung: CPI – Clausen & Bosse, Leck
Printed in Germany

Rakkaudestahan se hevonenkin potkii.
Auch ein Pferd schlägt ja nur aus Liebe aus.

Inhalt

Vorwort	9
Auf der Suche nach sich selbst – Die finnische Identität	12
Die echte finnische Sauna – Wenn Schnaps, Teer und Sauna nicht helfen…	32
Lockruf der Wildnis – Die finnische Natur	42
Abenteuer im Alltag – Finnische Alltagskultur	55
Anders trinken – Volksdroge Alkohol	68
Wie Gott in Finnland? – Die finnische Küche	81
Sport- und andere Abarten – Der Ertüchtigungswahn der Finnen	93
Von Regionen und Migranten – Mehr- und Minderheiten in Finnland	109
Tausend Jahre Harmonie – Finnland und Deutschland	122
Romantisch, skurril, national – Kunst und Kultur in Finnland	140
Die dunkle Seite – Die finnische Depression	167

Kein Geschlecht, keine Zukunft –
  Die finnische(n) Sprache(n)   **177**
So kann man sich missverstehen –
  Kommunizieren mit Finnen   **188**
Der kleine Unterschied –
  Frauen und Männer in Finnland   **199**
Grünes Gold und schwarze Zahlen –
  Finnlands Wirtschaft   **210**
Schluss   **222**

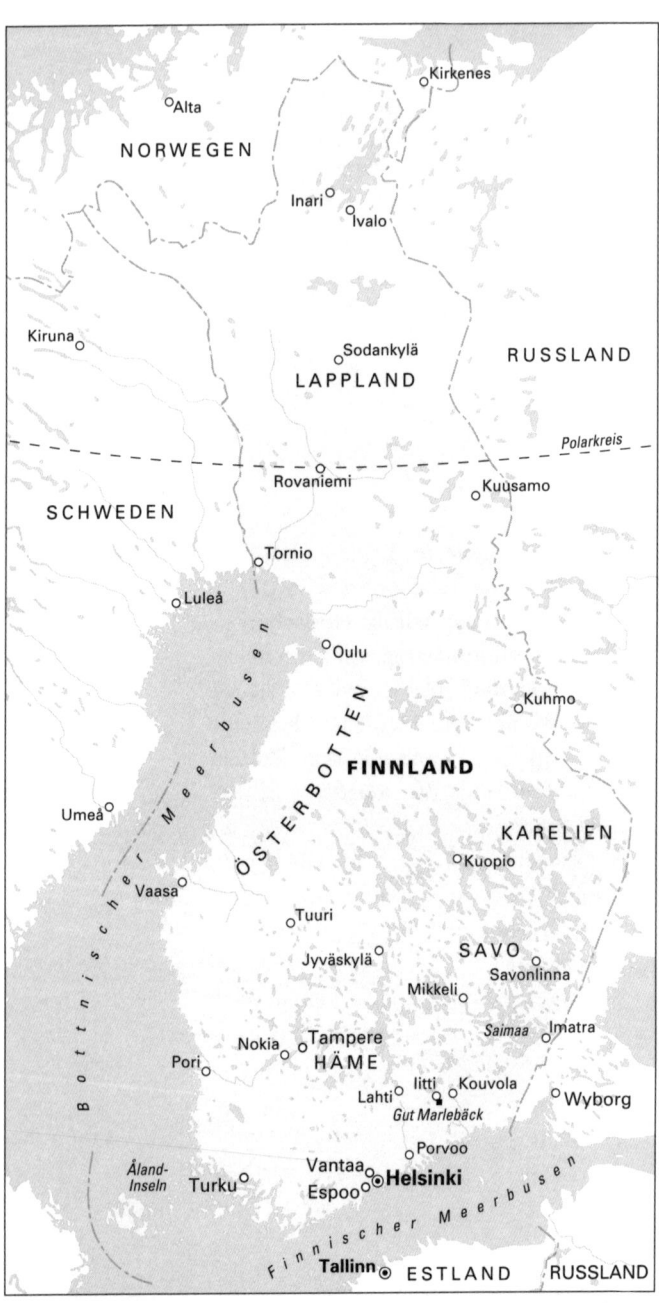

Vorwort

Eines Tages lud der Teufel einen Mann ein, Urlaub in der Hölle zu machen. Der Mann stimmte zu und verbrachte eine äußerst genussvolle Woche in der Unterwelt: Es gab scharfes Essen, hochprozentige Getränke, Roulettetische, schnelle Autos und wilden Sex.
Einige Jahre später starb der Mann. Vor die Frage gestellt, ob er in den Himmel oder in die Hölle wolle, antwortete er, ohne zu zögern: »In die Hölle!«
Dort angekommen, musste er feststellen, dass sich die Zustände geändert hatten: Jetzt wurden die armen Opfer mit glühenden Kohlen gefoltert, geblendet, geviertteilt und aufgespießt.
»Was soll das?«, wunderte sich der Mann. »Als ich hier zu Besuch war, war alles ganz anders!«
»Tja«, sagte der Teufel. »Urlaub ist eine Sache, Emigration eine andere.«

Dieser Witz soll nur zur Einstimmung dienen, ich kann mich beim besten Willen nicht über mein Schicksal als Deutscher in Finnland beschweren. Im Frühjahr 1985 lernte ich in Westberlin, wo ich damals ein philologisches Studium vortäuschte, an einer U-Bahn-Haltestelle im Wedding (sic!) meine spätere finnische Frau kennen. Da es mir nicht gelang, sie zum Auswandern zu bewegen, musste ich ihr nach Helsinki folgen, was ich ein Jahr später tat.

Meine Karriere in Finnland begann mit einem Job als Putzhilfe im deutschen Altenheim in Helsinki, später wurde ich Redakteur bei den Kurzwellensendungen des staatlichen Rundfunks, wechselte dann zum Fernsehen und schrieb, moderierte und produzierte Sprachkurse, Reiseserien und Unterhaltung.

Inzwischen bin ich glücklich geschiedener, alleinerziehender Vater zweier Teenager, die beide in Finnland geboren sind und zweisprachig aufwachsen. Seit einigen Jahren ernähre ich mich als mehr oder weniger freier Schriftsteller. Außer Sach- und Schulbüchern und weniger sachlicher, schöngeistiger Literatur schreibe ich regelmäßig Kolumnen für verschiedene finnische Zeitungen.

Ab und an ist es mir sogar vergönnt, meine schauspielerischen Ambitionen auszuleben.

Ich durfte im Lauf der Jahre viele Rollen in finnischen Fernseh- und Kinoproduktionen spielen – meist handelte es sich dabei um Charaktere aus der Wehrmacht, der NVA oder der kaiserlichen deutschen Armee, also um Uniformrollen, und mein sprachlicher Part beschränkte sich in der Regel auf kurze, deutschsprachige Befehle.

Den endgültigen Durchbruch zum Promi am Rand der bekannten Welt brachte mir 2007 die finnische Version der Sendung *Let's Dance*, bei der ich für einen überraschend verstorbenen finnischen Schlagersänger einsprang. Ich musste zwar schon nach der zweiten Folge ausscheiden, aber das genügte, um mir zu einem ständigen Platz in den finnischen Klatschspalten zu verhelfen.

In diesem Buch ist bestimmt viel Erwähnenswertes unerwähnt geblieben, und einiges weniger Erwähnenswerte wird wahrscheinlich erwähnt. Für etwaige Verallgemeinerungen und allfällige Übertreibungen möchte ich mich halbherzig entschuldigen. Den statistischen Durchschnittsfinnen und die Durchschnittsfinnin gibt es in freier Wildbahn vermutlich nicht, dennoch: Jedes Klischee hat einen wahren Kern, sonst würde es nicht existieren.

Ich bedanke mich bei allen Finninnen und Finnen, die sich von mir in unzählige Gespräche verwickeln ließen, geduldig meine zahllosen Fragen beantworteten, sich von mir aushorchen ließen und mir bisher fünfundzwanzig Jahre lang ihr Land, ihre Kultur und ihre Sprache erklärt haben. Mein besonderer Dank gilt meinem Freund und Sparringspartner Mika Pennanen.

Roman Schatz
Helsinki, im Dezember 2009

Auf der Suche nach sich selbst – Die finnische Identität

Eines haben die meisten Finninnen und Finnen gemeinsam, ganz egal, ob sie jung oder alt sind, Rechtskonservative oder Ökorevolutionäre, Feministinnen oder Patriarchen, Bauern oder Professorinnen, religiöse Pietisten oder linientreue Kommunisten: Sie sind fast alle wirklich *gerne* Finnen und sind, jede und jeder auf eigene Art, mächtig stolz darauf, diesem exotischen kleinen Volk anzugehören.

Wenn man vor meiner Haustür auf die hübsche grüne Helsinkier Straßenbahn wartet und gerade einer der etwa zwei Dutzend amtlichen Beflaggungstage des Jahres ist, kann man, wenn man sich einmal um die eigene Achse dreht, mindestens siebenundvierzig blaue Kreuze auf weißem Grund flattern sehen. Dann kommt die Straßenbahn.

Beflaggt wird unter anderem am Tag der Kriegsveteranen, am Tag der finnischen Sprache, am Tag des Gedichts und des Sommers (dem Geburtstag des Poeten Eino Leino), am Tag der Gefallenen, am Tag der Gleichberechtigung (dem Geburtstag der Schriftstellerin Minna Canth), am Tag der finnischen Literatur, am Tag des Finnentums, am Tag des Nationaldichters Johan Ludvig Runeberg und am Vatertag. Letzterer findet hier am zweiten Sonntag im November statt, vermutlich, damit finnische Väter nicht auf die Idee kommen, sich mit einer Kiste Bier und ein paar guten Freunden in die sommerliche Natur zu verdrücken. Der Muttertag ist im Mai, wie auch im Rest der Welt.

Stolz auf sich selbst als Nation, als Kultur, als Sprache und als Volk zu sein, ist für Finnen etwas völlig Selbstverständliches. Für jemanden, der in Deutschland, besonders im westlichen Sektor davon, aufgewachsen ist, ist dieser überbordende, ungehemmte Patriotismus anfangs etwas gewöhnungsbedürftig. Das Wort *suomalaisuus*, Finnentum, ist allgegenwärtig im täglichen Sprachgebrauch, die eigene Identität ist Gegenstand unzähliger Bücher, Thema vieler Talkshows und Podiumsdiskussionen, etwas, worüber man gern und viel spricht.

In Deutschland ist schon die Vokabel problematisch: Deutschtum, das tümelt eben und erinnert sofort an die Sünden und Verbrechen, die sich Deutschland in den letzten Jahrhunderten zuschulden kommen ließ.

Hier aber denkt man gern und intensiv über die eigene Nation nach und muss sich nicht für die eigene Vergangenheit schämen, denn im Gegensatz zu fast allen anderen sogenannten zivilisierten europäischen Staaten hat Finnland nie ernsthaft versucht, die gesamte bekannte Welt oder seine Nachbarn zu erobern. In Finnland ging es nie darum, aggressive oder expansive Außenpolitik zu betreiben, Finnland hatte nie Kolonien. Die Priorität lag hier immer im eigenen Überleben, im Entwickeln der eigenen Sprache und Identität, im Etablieren einer finnischen Kultur und Nation in Europa.

Finnland – die Wiege der Zivilisation

Vielleicht ist die hartnäckige Nabelschau der Finnen dadurch zu erklären, dass sie gar nicht wissen, wo sie eigentlich herkommen. Der Ursprung dessen, was man ein finnisches Volk oder eine finnische Kultur nennen könnte, liegt nämlich im Dunkel der Geschichte. Es hat die verschiedensten Ansätze gegeben, Licht in dieses Dunkel zu bringen: Man hat die Bibel interpretiert und glaubte lange Zeit, die Finnen seien ein Stamm, der sich nach der babylonischen Sprachverwirrung in den Norden Europas verirrt habe. Man hat kraneologische Studien betrieben, also die Schädelknochen verschiedener Stämme vergleichend vermessen, und ist zu dem Schluss gekommen, dass finnische Jochbeine denen der Mongolen ähneln. Man hat die heutige finnische Sprache mit anderen, ähnlichen Sprachen verglichen und ein Dutzend verwandter Dialekte entlang der Wolga in Sibirien gefunden, man hat mitochondrische DNS untersucht und überraschenderweise entdeckt, dass die Vorfahren der meisten Finnen aus Mitteleuropa stammen, sich aber Ostfinnen und Westfinnen genetisch weit mehr voneinander unterscheiden als beispielsweise Deutsche von Briten.

Bisher gibt es also widersprüchliche Indizien, aber keine Erklärung für die große Frage, die die Finnen umwälzt: Woher kommen wir? Sicher ist nur: Die Finnen sind eine echte Rarität.

Der römische Historiker Tacitus schreibt im Jahr 98 am Schluss seines Werkes Germania auch über den Stamm der *Fennen*: »Die Tierähnlichkeit der Fennen ist erstaunlich, ihre Armut abschreckend. Sie haben keine Waffen, keine Pferde, kein Haus. Ihre Nahrung besteht aus Kräutern, ihre Kleidung aus Tierhäuten, ihre Lagerstätte ist der Erdboden; ihre einzige Hoffnung sind die Pfeile, die sie aus Mangel an Eisen mit spitzen Knochen versehen. Dieselbe Jagd gibt Männern und Frauen in gleicher Weise ihren Lebensunterhalt, denn die Frauen kommen überall mit hin und beanspruchen ihren Anteil an der Beute. Auch die kleinen Kinder haben keine andere Zufluchtsstätte vor wilden Tieren und vor dem Regen als den Unterschlupf unter irgendein Geflecht von Zweigen; hierhin kehren die jungen Männer zurück, und es ist auch das Asyl der Greise. Aber sie meinen, man sei glücklicher, als wenn man über schwerer Ackerarbeit seufze, mühsam Häuser baue, eigenes und fremdes Hab und Gut in Furcht und Hoffnung umzusetzen suche. Ohne sich um die Menschen und ohne sich um die Götter zu kümmern, haben sie das Schwerste von allem erreicht: wunschlos zufrieden und glücklich zu sein.«

Allerdings kann Tacitus mit dieser Beschreibung gar nicht die heutigen Finnen gemeint haben, denn erstens sind die nicht wunschlos zufrieden und glücklich und zweitens waren sie vor knapp zweitausend Jahren nachweislich noch gar nicht in Finnland. Nur der Name, den Tacitus verwendet, ist bis auf den heutigen Tag an ihnen hängen geblieben. In Tacitus' Text geht es ziemlich sicher um die Samen, die Ureinwohner der nordischen Länder, die auch heute noch in der sogenannten Kalotte leben, dem Teil von Norwegen, Schweden, Finnland und Russland, der nördlich des Polarkreises liegt.

Für ein kleines Volk mit einer seltenen Sprache ist es natürlich äußerst ärgerlich, keinen klaren Stammbaum zu haben, und so erfreuen sich in Finnland Ahnenforschung, Regional- und Lokalgeschichte, Heimatmuseen, Dialektpflege, Folklore, Sippentreffen, Trachten und dergleichen großer Beliebtheit.

Die finnische Sehnsucht nach einer glorreichen Vergangenheit hat bisweilen auch sehr amüsante Blüten getrieben. Der Künstler und Hobby-Ägyptologe Sigurd Wettenhovi-Aspa, seines Zeichens »Fennomane«, wie man sich damals als glühender Patriot nannte, stellte 1935 die Theorie auf, dass sämtliche Bildung und Zivilisation der Welt eigentlich aus Finnland stamme. Die ägyptische Hochkultur habe sich vor mehreren

Tausend Jahren gebildet, weil damals Finnen via Indonesien und Indien an den Nil ausgewandert seien. Sämtliche indoeuropäischen Sprachen, so der Freizeitlinguist, der Tausende von Wörtern miteinander verglich, stammten von einer finnisch-ägyptischen Ursprache ab. Seine Theorie nannte er »Fenno-Ägyptologie«, und ihr zufolge sind auch die Deutschen ein altes ugrisches Volk, das im Lauf der Zeit die deutsche Sprache anstelle der finnischen angenommen hat.

Mag auch der Ursprung der Finnen im Ungewissen liegen, Wettenhovi-Aspa muss als blinder Passagier mit einem Meteoriten auf die Erde gekommen sein. Oder aber er widmete sein Leben einer groß angelegten Wissenschaftsparodie – bis heute ist nicht sicher, ob er es mit seiner waghalsigen Theorie wirklich ganz ernst meinte. Bei Finnen weiß man so etwas eben nie.

Freunde und Feinde kann man sich aussuchen ...

... die Nachbarn aber kriegt man von Gott. Finnland, sein Bedürfnis nach Nation und den trotzigen Stolz auf seine Unabhängigkeit kann man nur verstehen, wenn man das Verhältnis der Finnen zu Schweden und Russland kennt. Zwar hat Finnland noch ein drittes Grenzland, im nördlichsten Zipfel gibt es eine gemeinsame Grenze mit Norwegen, aber dort wachsen nur noch Moose und Flechten, weshalb Finnlands Nordgrenze selten von historischer Bedeutung war. Umso stärker aber haben Schweden und Russland das Land geprägt, schon von Anbeginn der modernen Geschichte.

Schweden und Finnland sind sich nicht nur von der Topografie her sehr ähnlich – viele Seen, Granit, Schären, rote Holzhäuschen mit weißen Randbalken, schweigsame Fernsehkommissare – sondern auch von der Gesellschaftsordnung her. Das *folkhemmet*, das Volksheim, wie der skandinavische

Wohlfahrtsstaat heißt, gibt es auch in Finnland. Manche Institutionen in Finnland erinnern verblüffend an Schweden, so etwa die staatliche Alkoholmonopolhandelskette.

Die Schweden hatten das heidnische, dünn besiedelte Finnland im Mittelalter kolonisiert und durch Kreuzzüge mit den Segnungen des Christentums vertraut gemacht. Finnland wurde dadurch an das westliche, zivilisierte Europa angebunden und bekam von den Schweden eine Ständegesellschaft, eine organisierte Verwaltung, Gesetze und ein funktionierendes Wirtschafts- und Handelssystem aufgestülpt. Besonders bei der Alphabetisierung der Finnen waren die Kolonialherren aus Schweden kreativ: Heiraten durfte nur noch, wer nachweislich lesen und schreiben konnte. Aus diesem Grund quälen sich auch die *Sieben Brüder* (die Hauptfiguren des gleichnamigen Romans von Aleksis Kivi, einem zentralen Schmöker der finnischen Literatur) noch als Erwachsene mühsam auf der Schulbank. Erst wenn sie nachweislich lesen und schreiben können, können sie die Konfirmation empfangen und somit vor dem Gesetz zu mündigen Erwachsenen werden.

Böse Zungen behaupten, die Schweden hätten bei ihrem Vordringen von der finnischen Westküste ins bewaldete Hinterland die Finnen von den Bäumen geschüttelt, ihnen Kleider angezogen, lesen und schreiben beigebracht und sie anschließend als Soldaten in die königlich schwedische Armee gesteckt.

Bis zum Anfang des 19. Jahrhunderts blieb Finnland Kolonie der schwedischen Krone. 1809 mussten die Schweden, nachdem sie einen ihrer zahlreichen Kriege gegen das Zarenreich verloren hatten, Finnland an die Russen abgeben, deshalb trägt dieser Krieg den Namen Finnlandkrieg. Die Gebietsabtretung wurde bei einer Zeremonie im Küstenstädtchen Porvoo, etwa fünfzig Kilometer östlich von Helsinki vollzogen, und ab sofort war Zar Alexander I., der persönlich über das Treffen präsidierte, nicht nur Kaiser von Russland, sondern im Nebenberuf auch noch Großfürst des autonomen russischen Großfürstentums Finnland.

Unter ihren neuen Herren ging es mit den Finnen zunächst deutlich bergauf. Die Russen räumten den Finnen viele Freiheiten ein, vermutlich, um sich bei der Bevölkerung beliebter zu machen, als es die alten Besatzer gewesen waren. Ab 1841 durfte die finnische Sprache an Schulen unterrichtet werden, 1860 bekam Finnland eine eigene Währung, die *markka*, deren Name durch einen Ideenwettbewerb festgelegt wurde. Die Freizügigkeit, also das Recht zur freien Wahl des Wohn- und Aufenthaltsorts, wurde eingeführt, körperliche Bestrafungen abgeschafft, Kirche und Verwaltung wurden getrennt und ein eigenes Schul- und Bildungswesen aufgebaut. 1881 trat sogar ein Wehrgesetz in Kraft, das es Finnland erlaubte, eigene Streitkräfte zu unterhalten. Zu allem Überfluss wurde diese liberale Periode von einem stetigen wirtschaftlichen Aufschwung begleitet.

Kein Wunder, dass bei so viel Autonomie in den Finnen das leidenschaftliche Bedürfnis nach Freiheit, Unabhängigkeit und einem eigenen, souveränen Staat entstand. Sie nutzten die Jahrzehnte der Toleranz, um ihre Sprache und Kultur zu stärken. Sämtliche finnischen Künstler und Intellektuelle waren fiebernd damit beschäftigt, eine eigene Nation zu erschaffen. Architekten begannen, im sogenannten nationalromantischen Stil zu bauen, Maler konzentrierten sich auf einheimische Landschaften und auf Motive aus der nationalen Mythologie. Zeitungen und Literatur in finnischer Sprache verbreiteten sich – der Slogan war: »Schweden sind wir nicht mehr, Russen wollen wir nicht werden, lasst uns also Finnen sein!«

Die Personifikation Finnlands war die sogenannte *Suomineito*, die Finnland-Jungfer. In der Kunst stellte man sie meist als junge Frau mit langen blonden Haaren dar, für die Fennomanen des 19. Jahrhunderts war sie das romantische Symbol für die Nation. Auch Finnlands Landkarte sah damals noch einer weiblichen Gestalt ähnlich. Nordlappland mit Utsjoki und Inari waren der Kopf, Mittelfinnland der Bauch. Inzwischen fehlen der Dame allerdings der linke Arm und der linke Rockzipfel: Der Arm war die Gegend um Petsamo im Norden und Finnlands einziger Zugang zum Eismeer, der Rockzipfel waren der Großteil von Karelien und die Hälfte des Ladogasees, beides Gebiete, die Finnland nach dem Zweiten Weltkrieg an die UdSSR abtreten musste.

Kalevala – das Buch der Bücher

So viel Nationalgefühl kam natürlich nicht ohne ein Nationalepos aus. Und so machte sich der Arzt, Naturwissenschaftler und Sprachforscher Elias Lönnrot aus Sammatti in der Nähe von Helsinki auf die Reise. Er unternahm insgesamt zehn lange, strapaziöse Wanderungen in die verschiedenen entlegenen Ecken des Landes und sammelte Volkslieder, Geschichten und Moritaten, die ihm meist gesungen und in gereimter Form vorgetragen wurden.

Aus diesen Volksgesängen schmiedete Lönnrot ab 1828 das Kalevala, das offizielle Nationalepos. Er kombinierte und arrangierte die gesammelten Heldenlieder zu einem durchlaufenden Text, und wo etwas fehlte oder nicht richtig passte, dichtete er kurzerhand selbst weiter, und zwar im sogenannten Kalevala-Versmaß.

Die Sagensammlung erzählt von der Entstehung der Welt aus einem Entenei, von Raubzügen und Rache und vom Sampo, einer im wahrsten Sinne des Wortes sagenhaften Maschine, einer magischen Zaubermühle, die ohne Unterlass Korn, Salz und edles Metall mahlt und ihren jeweiligen Besitzer reich macht.

Dieser Sampo wird aus den Klauen der bösen Hexe Louhi

befreit, aber die kühnen Helden lassen ihn auf ihrer Flucht dummerweise ins Wasser fallen, wo er bis auf den heutigen Tag Reichtümer produziert. Die Fische sind lebende Zeugen hiervon, sogar die kleinsten von ihnen sind ganz in Silber gekleidet.

Die Hauptperson des Kalevala ist der knorrige Väinämöinen, der schon bei seiner Geburt ein bärtiger alter Mann ist. Er ist im Gegensatz zu den Protagonisten anderer Nationalepen kein Serienmörder, sondern ein weiser Sänger, ein Schamane. Er spielt ein Instrument, das aus dem Unterkiefer eines kapitalen Hechts gemacht ist – die finnische Nationalharfe, die *kantele*. Trotz seines epischen Alters interessiert er sich für ein junges Mädchen namens Aino. In einer der Schlüsselszenen fordert der Bruder der Schönen den alten Freier zum Wettsingen auf, und Väinämöinen singt den Bruder schnurstracks bis zum Hals in einen Sumpf.

Ein Happy End für den Alten gibt es trotzdem nicht – die junge Aino geht lieber ins Wasser, als einen Mann zu heiraten, der so alt ist wie ein Baum. Die Szene, in der das Mädchen sich ertränkt, ist das Motiv eines berühmten Triptychons von Akseli Gallén-Kallela, dem bekanntesten finnischen Maler aus der Zeit der Nationalromanik.

Das Kalevala beeinflusste alle Disziplinen der finnischen Kunst, also die bildende Kunst, die Literatur und die Musik. Nicht nur die einheimischen Künstler lasen das Buch mit Begeisterung, das Werk erreichte auch über die Landesgrenzen hinaus Bekanntheit: Der Poet Henry Longfellow kannte das Epos und imitierte den Stil, J. R. R. Tolkien wurde davon inspiriert und sogar bei Mickey Mouse finden sich Verweise darauf.

Das Kalevala ist für die Finnen das Buch der Bücher, der Mythos der eigenen Herkunft, die Saga der eigenen Wurzeln, und die Figuren und Begebenheiten sind Allgemeingut. Die Story ist keineswegs historisch verstaubt: Mehr als ein Dutzend finnische Heavy-Metal-Bands sind erklärterweise vom Kalevala beflügelt, es gibt Kalevala-Schmuck, der bei Männern und Frauen und bei Jung und Alt beliebt ist, und im ostfinnischen Ort Kuhmo, wo jährlich ein internationales Kammermusikfestival stattfindet, gibt es sogar ein ganzes Kalevaladorf.

Ein hübsches Detail: In einem der fünfzig Gesänge erfährt man, wie man besonders starkes Bier braut. Elias Lönnrot war zwar auch der Begründer des ersten Abstinenzlervereins in Finnland, aber dieses wichtige volkskundliche Detail hat er seinen Lesern dann doch nicht vorenthalten.

Unabhängig

Ende des 19. Jahrhunderts begann Zar Alexander III., Druck auf Finnland auszuüben. Er hatte kein Verständnis für den finnischen Separatismus, sondern verfolgte seinerseits eine großartige panslawistische Vision. Er kassierte die Sonderrechte und Freiheiten seines autonomen Großfürstentums und begann mit der »Russifizierung« der Finnen.

Damals kam es zu etwas, das in der finnischen Geschichte Seltenheitswert hat: zu einem politischen Mord. Am 17. Juni 1904 erschoss der Nationalist Eugen Schauman den russischen Generalgouverneur Nikolai Bobrikow, der die neuen Regeln des Zaren in Finnland mit harter Hand durchsetzte und als schlimmer Unterdrücker empfunden wurde. Und es scheint in Finnland Leute zu geben, die auf diesen Herrn Schauman auch heute noch stolz sind: Als ich 2004, hundert Jahre nach dem Attentat, sein Grab in Porvoo besuchte, lagen darauf frische Blumen.

Bis 1917 mussten die Finnen warten, dann entließ Russlands neuer Herrscher, Vladimir Iljitsch Lenin sie in die Unabhängigkeit, weil er mit seiner Oktoberrevolution alle Hände voll zu tun hatte und sich nicht auch noch um das aufmüpfige ehemalige Großfürstentum im Westen kümmern konnte.

Lenin hatte sich, als es in Russland für ihn zu heiß wurde, mehrfach für längere Zeit in Finnland aufgehalten, und auch hier gab es Kommunisten, die einen Sowjetstaat aufbauen wollten (Finnland ist übrigens heute das einzige Land auf der Welt, das ein Lenin-Museum sein Eigen nennt, die Russen haben nur seine Leiche).

Anfang 1918 kam es zum Bürgerkrieg. Die Roten, die Kommunisten, kämpften gegen die Weißen, die Regierungstruppen – die Roten wurden dabei von den russischen Kommunisten unterstützt, die Weißen von den kaiserlichen Deutschen. Beide Seiten zeichneten sich durch besondere Brutalität aus, politischer Terror und Massenhinrichtungen waren an der Tagesordnung. Innerhalb von wenigen Monaten ließen 37 000 Finninnen und Finnen ihr Leben, drei Viertel davon Kommunisten. Der Bürgerkrieg endete mit einem Sieg der Weißen, und man muss noch heute aufpassen, wie man ihn nennt, es gibt verschiedene Bezeichnungen wie Bruderkrieg, Freiheitskrieg, Rotenrevolte oder Klassenkrieg.

1919 wurde die Republik Finnland gegründet, die sich an Skandinavien und Westeuropa orientierte. Und wie man weiß, gibt es diese bis auf den heutigen Tag.

Winter- und Fortsetzungskrieg

1938 begann die Sowjetunion, von Finnland Gebietsabtretungen zu verlangen. Damals verlief die finnisch-sowjetische Staatsgrenze nur etwa dreißig Kilometer von Leningrad entfernt. Finnland weigerte sich, die geforderten Teile der karelischen Landenge südwestlich des Ladogasees abzugeben.

Als der Zweite Weltkrieg begonnen hatte, wurden die sowjetischen Forderungen nach Stützpunkten in Finnland lauter, und als Finnland sich erneut weigerte, Territorium abzutreten, griffen Stalins Soldaten an. Der Krieg dauerte von Dezember 1939 bis März 1940 und heißt deshalb Winterkrieg. Gekämpft wurde unter extremen Bedingungen, da sich dieser Winter zu einem der kältesten des Jahrhunderts entwickelte. Der Krieg endete damit, dass die Finnen Gebiete in Karelien und in Ostlappland verloren und die Bewohner ins verbleibende Staatsgebiet umgesiedelt werden mussten.

Es folgte ein unstabiler, nervöser Interimsfriede. Finnlands Beziehung zur UdSSR wurde nicht besser dadurch, dass Finnland nicht den sowjetischen, sondern den deutschen Truppen das Durchmarschrecht sowie den Zugang zu den Nickelminen in Petsamo am Eismeer gewährte und obendrein von den Deutschen Waffen kaufte.

Deutschland und Finnland wurde zu »Waffenbrüdern«. Als die deutschen Truppen 1941 die Grenzen zur Sowjetunion überschritten, griff auch Finnland an. In diesem sogenannten Fortsetzungskrieg gelang es den Finnen zunächst, die verlorenen Gebiete zurückzuerobern und über die ehemaligen Landesgrenzen hinaus auch Ostkarelien zu besetzen. Als Folge des sowjetischen Großangriffs im Sommer 1944 verschob sich die Front aber wieder nach Westen, in die Nähe der nach dem Winterkrieg gezogenen Grenzen.

Als der politischen Führung Finnlands klar wurde, dass man aufs falsche Pferd gesetzt hatte und dass die Deutschen nicht als Sieger aus dem Zweiten Weltkrieg hervorgehen würden, wechselte sie im September 1944 die Seiten und schloss einen Separatfrieden mit der Sowjetunion.

Die Sowjets verlangten von den Finnen, den Kontakt mit Deutschland sofort abzubrechen, die deutschen Truppen aus Finnland zu vertreiben, sämtliches deutsches Kriegsgerät und anderes Eigentum abzuliefern, 300 Millionen Golddollar an Reparationen zu bezahlen und etwa zehn Prozent ihrer Staatsfläche abzutreten.

Zunächst versuchten die ehemaligen Waffenbrüder, sich auf einen unblutigen Rückzug zu verständigen, aber die Sowjets wollten Leichen sehen und verlangten von den Finnen, bei der Vertreibung der Deutschen hart vorzugehen. Diese wiederum zogen sich nach Nordnorwegen zurück und wandten dabei die Taktik der verbrannten Erde an. Noch heute bekommt man als Deutscher in Finnland ab und an zu hören: »Ihr habt Lappland verbrannt!«

Es gab nie eine offizielle Kriegserklärung zwischen Deutschland und Finnland, und erst 1954 erklärte die finnische Regierung diesen Krieg für beendet.

Von der Finnlandisierung zur EU

Finnland bezahlte als einziger Verliererstaat die ihm auferlegten Reparationen in vollem Umfang. Der letzte Güterzug passierte am 18. September 1953 die Ostgrenze. Immerhin hatten die Forderungen der UdSSR die Finnen dazu gezwungen, sich eine Metallindustrie aufzubauen, die jetzt nach Bezahlung der Kriegsschulden für die Produktion von Exportgütern zur Verfügung stand.

Langsam, aber sicher rappelte sich die finnische Volkswirtschaft auf, und man war froh darüber, in den Einflussbereich der UdSSR geraten, aber nicht wie Estland, Lettland oder Litauen annektiert worden zu sein.

Finnlandisierung ist ein Wort, das die Finnen nicht gern hören. Geprägt wurde der Begriff von zwei deutschen Politikwissenschaftlern, bekannt gemacht hat ihn der westdeutsche Politiker Franz Josef Strauß. Ursprünglich beschrieb er ein Szenario, in dem sich die amerikanischen Truppen nach dem Krieg aus Deutschland zurückgezogen hätten und ein wiedervereinigtes Deutschland nach finnischem Modell ein neutraler Pufferstaat zwischen Ost und West geworden wäre.

Schon 1948 hatte Finnland mehr oder weniger unfreiwillig den Vertrag über »Freundschaft, Zusammenarbeit und gegenseitigen Beistand« mit der UdSSR geschlossen, und während der ausgedehnten Amtszeit von Präsident Urho Kalevi Kekkonen wurde mit der Sowjetunion ein besonders kooperatives Verhältnis aufgebaut.

Kekkonen gelang es, mehr als ein Vierteljahrhundert im Amt zu bleiben, er wurde 1956 Präsident und blieb es ohne Unterbrechung, bis er 1981 aus gesundheitlichen Gründen abdanken musste. Während der Kekkonen-Ära war Finnland peinlich genau auf allseitige Neutralität bedacht. Die Sowjetunion, mit der man eine 1340 Kilometer lange Landgrenze hatte, sollte unter keinen Umständen provoziert werden. Diese außenpolitische Doktrin hieß nach dem Präsidenten und seinem Vorgänger die Paasikivi-Kekkonen-Linie.

Kekkonen war nicht nur viermal Präsident, sondern auch fünfmal Ministerpräsident, und viele Finnen nennen diese Epoche heute noch liebevoll-ironisch »Kekkoslowakien«.

Der Zusammenbruch der UdSSR löste in Finnland Anfang der Neunzigerjahre die bisher schlimmste Rezession aus. Die Aufträge der Sowjetunion hatten ein knappes Fünftel des finnischen Außenhandels ausgemacht, und weil die finnische Mark künstlich teuer gehalten wurde, fanden sich keine Absatzmärkte im westlichen Ausland. Die Arbeitslosigkeit stieg innerhalb kürzester Zeit von dreieinhalb auf fast zwanzig Prozent. Ohne den internationalen Erfolg des Mobiltelefonherstellers Nokia, dessen Produkte sich zu dieser Zeit rasant verbreiteten, wäre die Rezession wohl noch viel drastischer verlaufen.

1995 trat Finnland der Europäischen Union bei, teils aus wirtschafts-, hauptsächlich aber aus sicherheitspolitischen Erwägungen. Der Hauptgrund für diesen Beitritt war sicherlich das unverändert große Misstrauen gegenüber Russland, und die ostpolitische Strategie ist immer noch dieselbe: »Die Russen sollen tun und lassen, was immer sie wollen, Hauptsache, die Verhältnisse dort drüben sind stabil und man lässt uns in Ruhe«.

Russland beziehungsweise die ehemalige Sowjetunion ist einer der stärksten integrativen Faktoren für Finnland. Wer einen Feind oder zumindest einen potenziellen Feind von solcher Größe hat, ist gern bereit, innere Spannungen und Bruderzwiste zu vergeben und sich im Namen des eigenen Überlebens zu solidarisieren.

Inzwischen ist Finnland zwar nicht mehr neutral, aber das Misstrauen und der *ryssäviha*, der finnische »Russenhass« haben sich angesichts des Regimes von Vladimir Putin und Konsorten keinesfalls verflüchtigt. Wenn es um den östlichen Nachbarn, um das größte Land der Welt geht, sind die Finnen defensiv, misstrauisch und stets in Alarmbereitschaft. Spätestens seit dem 1954 erschienenen Kriegsroman *Der unbekannte Soldat* von Väinö Linna weiß jeder Finne, wie man auf Russisch »Hände hoch!« sagt.

Die politische Landschaft

Das politische Spektrum wird von drei großen Parteien dominiert, die jeweils einen Stimmenanteil von um die zwanzig Prozent auf sich vereinigen: von den Sozialdemokraten, einer traditionellen Linkspartei, die den Reichen das Geld aus der Tasche ziehen will und eng mit den Gewerkschaften zusammenarbeitet, von der Nationalen Sammlungspartei, einer traditionell rechtskonservativen Partei, die den Armen das Geld aus der Tasche ziehen will und mit Industrie und Großunternehmern unter einer Decke steckt, und von der Zentrumspartei, einer traditionellen Bauernpartei. Letztere ist nicht nur in Europa, sondern weltweit eine Besonderheit: Fast nirgends sonst gibt es eine Agrarpartei mit so hohem Stimmenanteil. Erklärtes Ziel ist es, die Landbevölkerung vor der Gier und

Dekadenz der Stadtbewohner zu schützen, und wenn es nach der Zentrumspartei ginge, dann müssten ab sofort alle Bürger in Einfamilienhäusern leben, Kombi fahren und einen Golden Retriever halten.

Diese drei Parteien teilen sich in verschiedenen Koalitionen den Löwenanteil der Regierungs- und Oppositionssitze im 200-köpfigen Parlament, das jeweils auf vier Jahre gewählt wird. Mit in der Regierungskoalition ist jedes Mal auch die kleine, aber feine RKP, die sogenannte »Schwedische Volkspartei«. Sie ist deshalb faszinierend, weil sie eine rein sprachliche Minoritätspartei ist. Egal, ob man von der Ideologie her rot, schwarz, gelb, braun oder rosa ist, wer Finnlandschwedisch als Muttersprache spricht, findet hier ein politisches Zuhause.

Dann gibt es noch die Grünen (von denen seltsamerweise niemand mehr auf dem Land lebt), die sich für die Umwelt und ein bunteres Leben einsetzen und stetig um die Zehnprozentmarke herumgondeln, sowie einige Randparteien, Kommunisten, Religiöse und Rechtsausleger. In den letzten Jahren versucht besonders eine lautstarke rechtspopulistische Partei namens »Wahre Finnen« mit EU- und ausländerfeindlichen Parolen Wähler zu gewinnen – was ihr bisher gut gelungen ist.

Im Allgemeinen aber sind finnische Politiker und Politikerinnen recht farblos, es kommt nur selten zu verbalen Ausfällen. Soweit ich weiß, hat es in der Geschichte der Republik Finnland noch keine einzige Parlamentsschlägerei gegeben.

Auch außerhalb des Reichtags, wie in Finnland nicht nur das Gebäude, sondern auch das politische Organ noch heißt, geht es meist friedlich zu: Demonstrationen werden ordnungsgemäß vorher angemeldet, ihre Teilnehmerzahl übersteigt selten mehrere Dutzend, und die Krawalle, bei denen es in den letzten fünfzig Jahren zu Sachbeschädigungen oder gar Verletzten gekommen wäre, kann man an den Fingern einer Hand abzählen.

Weil man bei nur etwa drei Millionen Wahlberechtigten schon mit einer relativ kleinen Zahl an Stimmen die Hürde ins Amt schafft, bemühen sich die Parteien vor der Wahlen stets intensiv um potenzielle Stimmenmagnete. Eine sympathische Besonderheit des finnischen Parlaments besteht deshalb darin, dass es immer einige Prominente verschiedenster Provenienz schaffen, für mindestens eine Legislaturperiode Abgeordnete oder Abgeordneter zu werden. In jeder Volksvertretung gibt es mindestens ein Exschlagersternchen, eine pensionierte Schönheitskönigin, einen alternden Preisboxer, Speerwerfer oder Hürdenläufer.

Der Ball im Schloss

Einmal im Jahr hat man Gelegenheit, der offiziellen Republik Finnland dabei zuzusehen, wie sie sich selbst feiert. Am Abend des 6. Dezember, des Tages, an dem Finnland im Jahr 1917 seine Unabhängigkeit erlangte, lädt der Präsident beziehungsweise die Präsidentin zum Ball ins sogenannte Schloss, wie das Präsidentenpalais am Marktplatz in Helsinki von der Bevölkerung genannt wird.

An diesem Abend mit dabei sind sämtliche Würdenträgerinnen und Würdenträger aus Regierung und Opposition, zahlreiche Größen aus Wirtschaft, Kultur, Kunst, Sport, der Chef des Nationalballetts ebenso wie der Trainer der Fußballnationalmannschaft, außerdem Schlagerstars, ausländische Diplomaten, Olympiasieger und Militärattachés mit ordengeschmückter Brust.

Die knapp zweitausend Gäste, die ins Palais hineinpassen und sich nach einem Begrüßungsdefilee mit präsidentiellem Händedruck im Takt zu klassischer und Popmusik auf dem Parkett drehen, sind das ultimative Who's who der finnischen Gesellschaft.

Der Abend, der mehrere Stunden dauert, wird im Fernsehen komplett live übertragen, und mit den Einschaltquoten kann sich nur das Endspiel einer Eishockey-WM messen. Gespannt wartet die Öffentlichkeit darauf, wer das Spektakel moderieren darf. Darüber, was die wegweisenden Damen tragen werden, wird im Vorfeld eifrig spekuliert, finnische Starcoiffeure und Couturiers machen in Interviews Andeutungen, verraten aber nicht, worin ihre prominenten Kundinnen beim Ball der Nation gehüllt sein werden. Nach dem Fest werden die Abendkleider und Hochfrisuren in der Boulevardpresse genüsslich und gemeinsam mit der interaktiven Leserschaft zerfetzt.

Nationalheld Lordi war nach seinem spektakulären Sieg über die singenden Miniröckchen des Grand Prix d'Eurovision zu dieser hochheiligsten aller Partys eingeladen, erschien aber skandalöserweise nicht. Präsidentin Tarja Halonen hatte darauf bestanden, dass Lordi zum feierlichen Anlass die für ihn typische Gummimaske abnehmen sollte. Ein unmaskiertes Erscheinen beim Schlossball wäre aber für das Latexmonster, das mit bürgerlichem Namen Tomi Putansuu heißt und aus der Hauptstadt Lapplands kommt, mit seiner Berufsethik unvereinbar gewesen.

In den letzten Jahren haben vereinzelt Systemkritiker vor dem Palais ihrem Unmut über die Verschwendung und den ihrer Ansicht nach peinlichen Operettennationalismus Ausdruck verliehen. Weil es aber am Unabhängigkeitstag in Helsinki meist recht kalt ist, ist es der Polizei ein Leichtes, diese Systemkritik unter Kontrolle zu halten.

Niemand hasst die Finnen

Eine historische Besonderheit, die an Finnland fasziniert, ist das völlige Fehlen von richtigen Bösewichten. Die meisten

Nationen haben irgendeine Altlast zu tragen, die Deutschen haben Hitler, die Chinesen Mao, die Russen Stalin, dann gibt es noch Ceausescu, Bin Laden, Saddam Hussein, Bokassa und Pinochet. Fast jedes Volk hat seinen Dracula oder Godzilla. Nur die Finnen nicht. Entweder haben sie wirklich keine Schurken dieser Größenordnung hervorgebracht, oder sie haben sie so gut versteckt, dass sie sich selbst nicht mehr daran erinnern.

Auch natürliche Feinde hat Finnland nicht mehr. Es ist ein bisschen unheimlich: Niemand hasst die Finnen, man respektiert sie, hört ihnen zu und lässt sie in Ruhe. Irgendwie haben sie es geschafft, die Welt davon zu überzeugen, dass sie gute Menschen sind und dass man ihnen vertrauen kann.

Ein Beispiel dafür, wie bedeckt sich die Finnen halten, ist der Molotowcocktail. Den gab es bekanntlich schon im Spanischen Bürgerkrieg, aber die improvisierte handgeschleuderte Brandbombe nach dem sowjetischen Kriegsminister zu benennen, darauf kamen erst die Finnen. Und obwohl die ganze Welt das Wort benutzt, hat nie jemand erfahren, dass es aus Finnland kommt.

Schuld daran ist das enorme Informationsgefälle zwischen Finnland und dem Rest der Welt. In Finnland weiß man sehr genau Bescheid darüber, was anderswo geschieht. Die Finnen gehören zu den eifrigsten Zeitungslesern und Nachrichtenguckern der Welt, fast alle sprechen einigermaßen Englisch, weil Filme und Fernsehen hier nicht synchronisiert, sondern untertitelt werden.

Umgekehrt weiß der Rest der Welt kaum etwas von den Finnen. Das kommt davon, wenn man nicht viel Aufhebens macht.

Den Finnen ist es gelungen, nicht nur die eigene arktische Urgeschichte zu überleben, Jahrhunderte zwischen zwei schwierigen und übermächtigen Nachbarn zu balancieren, den Zweiten Weltkrieg relativ unbeschadet zu überstehen, sondern dabei auch noch von allen viel Gutes zu lernen, ohne viel Schlechtes zu übernehmen. Und dabei hat die finnische Kultur keinen Schaden genommen, sondern sich stetig weiterentwickelt: Noch nie gab es auf der Welt so viele Finnen wie heute, noch nie gab es so viele Immigranten, die Finnisch sprechen.

Der Human Rights Report 2005 gibt der Republik Finnland die besten Noten: Hier wird niemand unrechtmäßig festgehalten, es gibt keine politisch Verfolgten oder Gefangenen, es besteht Versammlungs-, Presse- und Religionsfreiheit, Alten, Kranken, Behinderten, sexuellen und anderen Minderheiten geht es viel besser als anderswo, es gibt keine Kinderarbeit, und die Pisa-Studie bescheinigt den Finnen, dass ihr Bildungssystem zur Weltspitze gehört.

Die Finnen haben also allen Grund, stolz zu sein. Und wie gesagt, sie sind es auch.

Die echte finnische Sauna –
Wenn Schnaps, Teer
und Sauna nicht helfen…

… dann ist die Krankheit tödlich, so behauptet ein finnisches Sprichwort. Derzeit gibt es in Finnland nach amtlicher Schätzung mindestens zwei Millionen Saunas, bei einer Gesamtbevölkerung von etwas mehr als fünf Millionen Menschen versteht da auch der Banause, dass die Sauna von zentraler Bedeutung sein muss. Sie ist es auch, aber auf völlig undramatische, alltägliche, geradezu stinknormale Weise.

Ein authentischer Saunagang läuft ungefähr so ab: Ein Spätsommerabend, wenn es abends schon wieder dunkel wird, entweder an einem See oder auf einer Insel. Das klassische Ambiente eines rot bemalten finnischen Sommerhäuschens mit geweißelten Kanten, als Geräuschkulisse absolute Stille, die nur ab und zu vom Surren einer Mücke, vom Klatschen der sie tötenden Hand oder vom Zischen eines kalten Bieres unterbrochen wird. Wichtig ist vor allem, dass man allein oder in Gesellschaft wirklich guter Freunde ist, sodass man nicht viel zu reden braucht. Zwischen den Aufgüssen kühlt man nach Gutdünken ab. Entweder sitzt man mit dampfender Haut vor der Sauna oder man springt ins Wasser. Im Winter kann man im Schnee rollen und sich damit einreiben. Oder man springt ins Wasser, vorausgesetzt allerdings, man hat vorher ein genügend großes Loch ins Eis gebrochen.

Zum unverfälschten Saunagenuss gehört auch etwas, das man in Westfinnland *vihta*, in Ostfinnland *vasta* nennt, ein etwa einen halben Meter langes Bündel aus geschmeidigen Birkenruten, das man am besten frisch schneidet. Dieses Bündel stellt man kopfüber in den Wassereimer, damit die Blätter sich vollsaugen können. Nach ein paar Aufgüssen, wenn Wärme und Luftfeuchtigkeit die Haut mit kleinen Schweißperlen überzogen haben, peitscht man sich dann selbst oder gegenseitig mit dem feuchten Birkenbündel aus, um die Blutzirkulation der Haut anzuregen und den sich dabei verbreitenden Geruch zu genießen – oder einfach, um seinen Spaß zu haben. Weil es nicht immer und überall frische Birkenzweige gibt, behelfen sich manche Finnen mit im Handel erhältlichen Kunststoff-Ersatzgeißeln, oder sie trocknen die Birkenzweige und weichen sie später wieder ein. Das bringt aber nicht das richtige Gefühl, weshalb das Einfrieren die beste Alternative ist. Falls Sie also eines Tages an einer finnischen Autobahnraststätte in der Tiefkühltruhe neben der Eiscreme gefrorene Birkenzweigbüschel sehen, können Sie dies ab sofort statt mit Verwirrung mit einem wissenden Lächeln quittieren.

Feuer oder elektrisch?

Die Sauna ist keine finnische Erfindung, sie ist auch in anderen Kulturen schon lange bekannt. Die Indianer Sibiriens und Nordamerikas etwa erhitzten Steine im Feuer, schleppten sie dann in die Jurte und funktionierten so das Zelt zu einem schamanistischen Ort der Kraft und Hitze um. Ganz sicher aber ist die Sauna in Finnland heutzutage populärer und tiefer verwurzelt als in irgendeinem anderen Land. Ein Einfamilienhaus oder Sommerhäuschen ohne Sauna ist in Finnland undenkbar, in jeder Mietskaserne (oder besser Eigentumswohnungskaserne) gibt es mindestens eine Gruppensauna, in der jeder, der in seiner Wohnung keine eigene hat, von der Hausverwaltung eine wöchentliche Saunazeit zugeteilt bekommt. Dann gibt es noch die sogenannte *lenkkisauna*, die ebenfalls wöchentliche Jogging-Saunazeit, während der männliche und weibliche Bewohner entweder zeitlich oder räumlich voneinander getrennt schwitzen und plaudern. An Weihnachten gibt es selbstverständlich eine Weihnachtssauna, beim Sommersonnenwendefest die Johannissauna.

In Finnland ist es absolut normal, Nachbarn, Freunde, Kollegen und Bekannte dann und wann nackt zu sehen, allerdings fast immer nach Geschlechtern getrennt und immer im Rahmen des sozial und ästhetisch Erträglichen. Über die Einhaltung der traditionellen Saunabräuche wacht in jeder Sauna der dort wohnende unsichtbare *saunatonttu*, ein Saunawichtel, mit dem man sich gutstellen sollte, wenn man nicht allerlei unangenehmem Schabernack zum Opfer fallen will. Vor allem das Fluchen sollte man in der Sauna tunlichst vermeiden. Diesen saunatonttu gibt es seit Anbeginn der Zeiten, und wenn man ihn mit Respekt behandelt, sorgt er dafür, dass das Holz gut brennt, dass der Aufguss sich weich und angenehm anfühlt und der Saunabesuch zu einem rundum guten Erlebnis wird. Außerdem bringt er dem Saunabesitzer und seiner Familie Glück und Wohlstand. Wenn man ihn aber verärgert, wird es in der Sauna zu heiß, es sammelt sich gefährliches Kohlenmono- oder -dioxid an, in groben Fällen kann sogar die ganze Sauna abbrennen. Der Saunawichtel hat nur ein Auge und ist pechschwarz, denn seine Ursprünge hat er in der Rauchsauna, der urtümlichsten Version des Schwitzkastens, die man heutzutage fast nur noch in Heimatmuseen ausprobieren kann. Die Rauchsauna zeichnet sich dadurch aus, dass sie keinen Kamin hat und mit Holz beheizt wird – den Russ und den Rauch lässt man einfach drin. Deshalb sind Decke und Wände tiefschwarz und Fenster unnötig. Das Beheizen dauert mehrere Stunden, eine Rauchsauna ist einmalbeheizt, man legt also kein Holz nach. Wenn die Sauna endlich heiß ist, öffnet man eine Luke, um das Kohlenmonoxid und andere Gifte hinauszulassen, ohne dass die Wärme entweicht.

Weil das aber nicht immer funktioniert, ist man zur dauerbeheizten Sauna übergegangen und dazu, giftige Gase und Rauch vermittelst eines Kamins aus der Blockhütte entweichen zu lassen. Die beiden heute üblichen Standardmodelle sind ebendiese holz- und dauerbeheizte Sauna fürs Sommerhäuschen und die weniger feuergefährliche elektrische Version für die Stadtwohnung. Dann gibt es noch Erdlochsaunas, Saunas auf Booten und Schiffen, Saunaanhänger fürs Auto und Saunas in Wohnmobilen. Wenn finnische UNO-Soldaten irgendwo im Einsatz sind, bauen sie als Erstes eine Sauna, auch in glühender Wüstenhitze.

Wenn sich jemand vor hundert Jahren ein Haus zimmerte, dann begann er immer mit der Sauna. Erstens ist diese klein und somit schnell zu errichten, und zweitens braucht man sie als Allererstes, um sich selbst sauber und warm zu halten, um Lebensmittel zu trocknen und haltbar zu machen, um Malz fürs Bier zu darren und um Kinder darin zu gebären. Die Sauna galt als schützender Zufluchtsort für Neugeborene, die besonders anfällig für die Bedrohung durch böse Geister waren. In alten Volksliedern und -gedichten wird von schwangeren Frauen berichtet, die große Not litten, weil sie es nicht rechtzeitig zur Entbindung in eine Sauna geschafft hatten.

Was man in einer Sauna nicht tun sollte, in Finnland aber jeder ausprobiert hat: Bier oder Schnaps auf die heißen Steine schütten. Bier riecht nach verbranntem Malz, soll jedoch gut für die Haare sein. Schnaps verdunstet blitzschnell zu einer toxischen Wolke, und der Alkohol steigt beim Inhalieren ohne Umweg über den Verdauungstrakt sofort in den Kopf.

Die Kraft des Gewittervolks

Viele Finnen der Generation, die heute die Altenheime bevölkert, sind noch in einer Sauna geboren worden. Auch bei Todesfällen war die Sauna praktisch: Wenn jemand starb, dauerte es wegen der schwierigen Verkehrswege manchmal mehrere Wochen, bis die Leiche abtransportiert werden konnte. Im Winter konservierte man Verstorbene, indem man sie mithilfe von Mutter Natur einfror, im Sommer trocknete man sie in der Sauna, um üblen Gerüchen und Infektionsgefahren vorzubeugen.

Das Einrenken von ausgekugelten Gelenken, das Schröpfen und Ansetzen von Blutegeln – die meisten volksheilkundlichen Maßnahmen wurden in der Sauna vollzogen. Auch heute noch geht ein Finne, der sich erkältet hat, als Erstes schwitzen. Und laut Wikipedia soll die Sauna in Finnland sogar bis auf den heutigen Tag zu Verhütungszwecken eingesetzt werden. Leider steht nicht dabei, wie dies konkret funktioniert. Das männliche Sperma mag es zwar gern kühl und die Produktion wird umso langsamer, desto wärmer die Umgebung ist, andererseits sind finnische Männer laut einer einschlägigen deutschen Untersuchung europaweit die mit der höchsten Spermazellen-Konzentration im Ejakulat.

Dieses Rätsel bleibt also bislang ungelöst, auf jeden Fall aber befriedigte die Sauna nicht nur das Bedürfnis nach körperlicher Hygiene und medizinischer Heilung, sie war auch dazu da, sich rituell zu reinigen. In der Sauna, so glaubte man, lebte das geheimnisvolle Feuervolk, das die Kraft hatte, von anderen Völkern hervorgerufene Krankheiten zu vertreiben. Besonders intensiv wurde die therapeutische Wirkung der Sauna, wenn man sie mit Holzscheiten beheizte, die vom Blitz gespalten worden waren. So konnte man sogar an der Energie des besonders gefürchteten Gewittervolks teilhaben. Unterschiedliche Holzarten zum Beheizen der Sauna und verschiedene natürliche Materialien zur Herstellung der Auspeitschrequisite dienten unterschiedlichen magischen Zwecken und zum Heilen verschiedener Krankheiten. Bei diesen balneologischen Behandlungen wurden dann noch die überlieferten monotonen Gesänge zur Vertreibung von beispielsweise Husten oder Rheuma rezitiert, und nicht selten genas der Kranke tatsächlich.

Der rituelle Umgang mit den Elementen brachte den Finnen früher den Ruf ein, ein Volk von Schamanen zu sein. In dem Roman *The Mutiny of the Elsinore* von Jack London etwa versuchen abergläubische Seeleute, das Kap Horn zu umschiffen, und als ihnen das aufgrund des schlechten Wetters nicht gelingen will, werfen sie kurzerhand einen finnischen Kollegen über Bord, denn schließlich weiß ja jeder, dass die Finnen den Wind verhexen.

Nicht immer ist der Saunagang ein Akt der Heilung und Gesundung, auch das genaue Gegenteil tritt dann und wann ein. So ging etwa im Frühjahr 2009 der Fall eines Mannes durch die finnische Presse, der nach einem etwas mehr als nur fröhlichen Umtrunk bei Freunden in der Sauna eingenickt war und erst am nächsten Morgen wieder aufgefunden wurde – vertrocknet wie eine Rosine und mausetot. So etwas passiert gelegentlich, und jeder trägt sein eigenes Risiko. Diesmal aber kam ein Richter nach sorgfältiger Erwägung des Sachverhaltes zu dem Schluss, dass der Gastgeber und Eigner der Sauna sich der groben Fahrlässigkeit schuldig gemacht hatte. Also Vorsicht: Wer seinen besoffenen Kumpel in der Sauna vergisst, kann ab sofort gerichtlich belangt werden.

Eines muss man klipp- und klarstellen: Die finnische Sauna hat wirklich nichts mit Sex zu tun – um den kümmert man sich vorher oder danach. Und eine Schwulensauna in Finnland zu finden, dürfte extrem schwierig sein. Hier gehen Schwule und Heteros in dieselbe Sauna. Nur die Frauen, die haben eine eigene.

Politik der heißen Luft

Als mein zwanzigjähriges Jubiläum als Immigrant in Finnland näherrückte, wurde ich doch etwas melancholisch und lud meinen Vater und meinen Bruder ein, mich in Helsinki zu besuchen. Ich brachte die beiden in eine der letzten öffentlichen Saunas von Helsinki, einen Ort, wo pensionierte Bahnarbeiter schwitzen und wo alles noch so ist wie in den Fünfzigerjahren, mit Ausnahme der frischen Handtücher. Diese Sauna bietet Platz für mehrere Dutzend Personen, die Sicherheitsvorkehrungen spotten jeder EU-Direktive Hohn, aber die Aufgüsse sind sagenhaft, und was das Beste ist: Es gibt dort eine echte Wäscherin, eine der letzten Damen, die dieses Metier noch ausüben. Ihre Aufgabe besteht darin, splitternackte Männer mit Schwamm und Bürste quietschsauber zu schrubben. Mein Vater und mein Bruder staunten nicht schlecht, als ihnen ohne Vorwarnung diese Behandlung zuteil wurde. Sexuelle Fantasien kamen dabei allerdings nicht auf, dafür sorgte die sympathische, aber resolute zweiundsiebzigjährige Wäscherin mit ihrer Wurzelbürste.

Auf gar keinen Fall sollte man die psychologische Potenz der Sauna unterschätzen. Bei Firmenfesten, Jubiläen und ähnlichen Anlässen gehört der gemeinsame Saunabesuch zum Standardprogramm. Früher war es traditioneller Bestandteil der finnischen Außenpolitik, dass das Staatsoberhaupt mit den Machthabern befreundeter, verfeindeter oder einfach nur benachbarter Staaten gemeinsam in die Sauna ging, denn wenn man sich einmal gegenseitig nackt gesehen hat und gemeinsam geschwitzt hat, überfällt einen anschließend deutlich seltener die Lust, einen Krieg vom Zaun zu brechen. Die Sauna, die sich der autokratische Präsident Kekkonen gleich nach Amtsantritt bauen ließ, galt ein Vierteljahrhundert lang als Nervenzentrum der finnischen Außenpolitik. Heutzutage ist sein ehemaliger Amtssitz Tamminiemi in Helsinki ein Museum, und die Sauna kann man mieten – für knapp zehntausend Euro.

Deutsche Vertreter eines großen finnisch-deutschen Unternehmens, dessen Namen ich hier nicht nennen darf, beschwerten sich einmal bei einer Schulung bei mir: Man habe den Eindruck, dass die Kollegen in Finnland die wirklich wichtigen Entscheidungen per Handschlag und Ehrenwort abwickeln würden, ohne viel Aufhebens und ohne Außenstehende zu konsultieren. So etwas war mit der deutschen Managementkultur unvereinbar, und man war empört über den Mangel an Bürokratie, Ausschüssen, Vollversammlungen, Protokollen und Gremien. Hätten die Münchner Manager ein paar Jahre in Finnland gelebt gehabt, wäre ihnen sonnenklar gewesen, dass dies hier die einzig praktikable Art ist, wirklich wichtige Dinge zu regeln: beim Bier, an einem See, ohne Kleider, in oder vor der Sauna.

Wie wichtig die Sauna für die Finnen ist, veranschaulicht folgende Begebenheit aus dem Jahr 2009: Ein Gericht in Helsinki verurteilte zwei Männer zu Freiheitsstrafen auf Bewährung. Die beiden hatten eine transportable Blockhüttensauna entwendet. Der rechtmäßige Besitzer der Anhängersauna fand sein Eigentum wieder, nachdem er eine Suchannonce in die Zeitung gesetzt hatte. Die Anklage forderte eine Verurteilung wegen schweren Diebstahls, das Gericht befand aber lediglich auf unrechtmäßigen Gebrauch fremden Eigentums, denn die Männer hatten die Sauna nicht geklaut, um sie zu verkaufen, sondern nur, um sich darin einen heißen Abend zu machen.

Die echte deutsche finnische Sauna

Die deutsche Art des Saunierens sorgt bei Finnen für Kopfschütteln und mitleidsvolle Blicke. Der deutschen Mentalität ist es gelungen, aus einem archaischen Genuss eine Zeremonie zu machen, bei der es Regeln zu befolgen gilt und bei der sich die Teilnehmer gegenseitig überwachen.

Vor einigen Jahren frequentierte ich mit meinen beiden Kindern ein sogenanntes Saunaparadies in Deutschland. An der Kasse knöpfte man uns glatte achtzehn Euro pro Nase ab. Das war der erste schwerwiegende Kulturunterschied. Dann zogen wir uns aus und schritten in Richtung der »echten finnischen Sauna«. Aber bevor wir die Holztür öffnen konnten, schnauzte man uns schon an:

»Halt! Handtücher mitnehmen!«

In der Sauna setzten wir uns nebeneinander, die Handtücher sittlich über den Nacken gelegt. Eine Dame machte uns indigniert darauf aufmerksam, dass wir uns gefälligst *auf* die Handtücher zu setzen hätten, inklusive der Hände und Füße. Man teilte uns mit, dass in einer deutschen Sauna die Haut das Holz nicht berühren dürfe, aus Hygienegründen.

Nach einer langen, sehr trockenen Warteperiode, die von New-Age-Vogelgezwitscher aus versteckten Lautsprechern untermalt wurde, kam, zur vollen Stunde, der Aufgussbeauftragte, und er wurde von den schwitzenden Deutschen mit Applaus begrüßt. Wir applaudierten nicht, denn wir hatten noch nie einen bestallten Aufgießer gesehen. Bei uns gießt jeder nach Belieben.

Der Aufguss selbst bestand nicht wie in Finnland aus warmem Wasser, gegen das niemand allergisch ist und das keine Atemnot verursacht, sondern aus ätherischen Ölen, die in Augen und Nase entsetzlich brannten. Wir mussten uns auf eine tiefer gelegene Bank setzen – das aber nutzte nichts, denn der Aufgussmann wirbelte sein Handtuch wie den Rotor eines Hubschraubers über seinem Kopf, um die duftgeschwängerte Hitzewelle gleichmäßig zu verteilen. Wir versuchten, die Sauna zu verlassen, wurden aber daran gehindert:

»Stopp! Beim Aufguss bleibt die Tür zu!«

Uns blieb nur die Hoffnung, dass wir dieser Folterkammer lebend wieder entkommen würden. Meine Kinder und ich fluchten. Auf Finnisch.

»Was ist denn das für eine Sprache?«, erkundigte sich jemand. Und als wir geantwortet hatten, hieß es:
»Aus Finnland kommen Sie? Na, dann müssten Sie aber doch eigentlich etwas von der Sauna verstehen!«

Angesichts dieses geballten deutschen Selbstbewusstseins gaben wir auf und traten den Rückzug an, sobald man uns ließ. Meine Kinder schworen, niemals mehr eine echte finnische Sauna auf deutschem Boden zu betreten. Und ich schwor, mich eines Tages zu rächen, was hiermit geschehen ist.

Lockruf der Wildnis –
Die finnische Natur

Finnland ist im Wesentlichen aus drei Grundelementen gemacht: Wasser, Wald und Fels. Bei Letzterem handelt es sich um Granit, um genau zu sein. Gleichgültig, wo man sich aufhält, mindestens eines dieser drei Elemente ist immer vorhanden, das Wasser im Winter in Form von Schnee und Eis. Die schroffe, karge nordische Natur hat hiesige Maler, Musiker, Schriftsteller und andere Künstler inspiriert, und der regelmäßige Anblick unverfälschter Natur ist für jeden Finnen sowohl zentrales romantisches Kulturgut als auch eine alltägliche Selbstverständlichkeit. Schon seit vielen Jahrzehnten veranstalten Zeitschriften Leserumfragen, bei denen nach dem Fleckchen Finnland gesucht wird, das am besten die Identität der Nation verkörpert, nach der sogenannten Nationallandschaft.

Ungefähr ein Drittel der Einwohner Finnlands drängen sich im Süden und Südosten des Landes zusammen. Die Städte Helsinki, Espoo und Vantaa, die zur Hauptstadtregion zusammengewachsen sind, haben gemeinsam etwa eine Million Einwohner. Tampere, anderthalb Autostunden nördlich davon, hat nur noch rund 200 000. Wenn man den besiedelten Süden verlässt, fällt einem schnell auf, dass das Land so gut wie leer ist, und je weiter man nach Norden kommt, desto leerer wird es. Zuerst stößt man noch alle fünfzig Kilometer auf eine Kleinstadt, dann alle hundert, und schließlich hört auch das auf. Ganz im Norden hat jeder Einwohner viele Quadratkilometer für sich allein.

Mehr als zwei Drittel Finnlands sind mit Bäumen bedeckt, das ist der höchste Waldanteil in Europa. Der Großteil davon sind Mischwälder, die meistverbreiteten Arten sind Tanne, Birke und Kiefer. Weil die Wälder in Finnland intensiv bewirtschaftet und wiederaufgeforstet werden, sind die meisten der Bäume relativ jung. Der größte Teil des nichtbewaldeten Gebietes besteht aus Sümpfen, von denen allerdings bereits mehr als die Hälfte für Land- und Forstwirtschaftszwecke und für das eine oder andere Einkaufszentrum trockengelegt worden sind.

Finnland das »Land der tausend Seen« zu nennen ist eine maßlose Untertreibung, denn nach amtlicher Zählung, d. h. wenn man als Mindestoberfläche für einen See fünfhundert Quadratmeter ansetzt, gibt es in Finnland exakt 187 888 davon. Zugegebenermaßen handelt es sich bei 131 876 dieser Seen um Weiher, die nur bis zu einem Hektar, also zehntausend Quadratmeter Oberfläche vorweisen können.

Den Seen müssen sich knapp, aber doch klar die Inseln geschlagen geben. Sie liegen entweder in der Ostsee oder in einem Binnensee und mit einer Anzahl von 179 584 auf Platz zwei.

Die Natur hat in Finnland eindeutig die Oberhand gegenüber den besiedelten Gebieten. Deutschland gehört zu den meistbetonierten Ländern Europas, Finnland zu den Unberührtesten.

Zurück zu den Wurzeln

Der direkte Kontakt mit der Natur hat für Finnen einen anderen Stellenwert als für Menschen, für die urbane Kultur und hohe Bevölkerungsdichte schon seit Generationen normal sind. Man kann das Verhältnis der Finnen zu Wald, Wasser und Granit guten Gewissens und ohne es zu verkitschen als liebend, respektvoll und innig bezeichnen. Architektur den Rücken zu kehren, alle Artefakte außer vielleicht seiner Angelrute, seinen Skiern und seinem Nokia-Handy hinter sich zu lassen, ist ein Grundbedürfnis für die meisten Finnen. Es wird als solide Charaktereigenschaft verbucht, wenn jemand Lust hat, sich bei jedem Wetter draußen aufzuhalten.

Werden finnische Prominente in der Klatschpresse gefragt, wie sie sich am liebsten entspannen, antworten sie fast ausnahmslos: »Ich ziehe mich in die Natur zurück.« Aber nicht nur die Prominenten, sondern die Mehrheit der Bevölkerung tut dies. Im Sommer leeren sich die Städte, die Hauptstadt liegt brach, den Touristen überlassen, sodass auf den Straßen Helsinkis mehr Japanisch, Russisch und Deutsch gesprochen wird als Finnisch. Die einzigen Staus, die in Finnland je vorkommen, gibt es zu Beginn der Sommerferien, wenn alle aufs Land zu ihren Sommerhäuschen flüchten, und im Herbst, wenn alle wieder in die Städte zurückmüssen. Allsommerlich gibt es einen kollektiven Exodus in die primitive, aber glückliche Welt der Vergangenheit, als man die Beeren noch selbst pflücken, die Pilze noch selbst suchen und die Fische noch selbst fangen durfte.

Derzeit gibt es in Finnland knapp eine halbe Million Sommerhäuschen. In vielen Gemeinden, vor allem an der Seenplatte und entlang der Küste, verdoppelt sich die Einwohnerzahl im Sommer. Einige wenige Sommerhäuschen haben heute einen Komfort, der dem der Stadtwohnung kaum nachsteht, aber viele Finnen unterlassen es absichtlich, ihr Refugium technologisch aufzurüsten, damit die authentische Einfachheit des bukolischen Sommerlebens nicht leidet. Wasser aus dem eigenen Brunnen oder aus dem See zum Kaffeekochen zu verwenden gehört ebenso zu den Segnungen des Sommerlebens wie das hölzerne Plumpsklo, das ein paar Meter von Häuschen und Landesteg entfernt den Spinnen und Fliegen ein schattiges Heim bietet.

Die Menschen genießen es, den kurzen, aber immerhellen Sommer allein oder im engsten Familienkreis zu verbringen und außer bei den unumgänglichen Einkaufsausflügen und gelegentlichen Verwandtenbesuchen wochenlang niemanden sehen zu müssen und von niemandem gesehen zu werden. Abgerundet wird der Sommer durch den erhöhten Konsum von Bier, durch exzessives Grillen und durch gelegentliche Wettbewerbe in Sommerdisziplinen wie etwa Wurfpfeil- oder Axtwerfen. Und selbstverständlich durch die Sauna.

Am liebsten hat man, wenn irgend möglich, sein Häuschen direkt am Wasser, an einem See, am Meer oder gar auf einer Insel. Damit aber der Anblick der endlosen bewaldeten See- und Ostseeufer nicht verschandelt wird, darf man sein *mökki*, wie die Datsche hier heißt, neuerdings nicht mehr direkt am Strand bauen, sondern muss, zumindest fast überall, einen Mindestabstand von zwanzig Metern einhalten. Aber wo es Regeln gibt, gibt es bekanntlich auch Schlupflöcher. So darf man zum Beispiel ein bereits bestehendes Sommerhäuschen renovieren und modernisieren. Und wenn ein Häuschen abbrennt, darf man an derselben Stelle ein neues bauen. Und je nachdem, wie eng das Verwandtschaftsverhältnis des Bauherrn mit dem Leiter der örtlichen Bauaufsichtsbehörde ist, fällt die neue Version eben etwas größer aus.

Das verklärte Verhältnis der Finnen zu ihrer allgegenwärtigen Natur lässt sich besser erfühlen, wenn man sich mit dem sogenannten Jedermannsrecht befasst. Dieses Gesetz regelt, wie man sich in der Natur zu bewegen hat, wie man sie benutzen und genießen darf, und zwar unabhängig davon, wem das Land, auf dem man ist, gehört. Das macht Sinn, denn es ist an Ort und Stelle meist sowieso unmöglich, festzustellen, wer der Eigentümer ist. Vorübergehender Aufenthalt in der Natur wie etwa das Rasten, Schwimmen, Sonnenbaden oder auch das Zelten übers Wochenende sind ohne Erlaubnis des Landbesitzers erlaubt. Zu den Spielregeln gehört aber selbstverständlich auch, dass man seinen Müll entsorgt und die Natur in exakt demselben Zustand verlässt, in dem man sie vorgefunden hat. Es gibt keinen konkret festgelegten Mindestabstand, den man in freier Natur von Gebäuden einzuhalten hat. Jeder muss selbst nach eigenem Gutdünken entscheiden, was zu nahe ist und wann der Hausfrieden des Grundbesitzers als gestört zu betrachten ist. Eine solche Regelung würde in Mitteleuropa sämtliche Amtsgerichte sofort für hundert Jahre beschäftigen. Eins ist allerdings in Finnland eindeutig geregelt, und angesichts der zahllosen Motocross- und Rallye-Enthusiasten auch aus gutem Grund: Fahrzeuge, die mit einem Explosionsmotor betrieben werden, dürfen auf fremdem Land nicht benutzt werden.

Am meisten freuen sich über dieses Jedermannsrecht die in Finnland zahlreichen Hobbyornithologen. Über Ankunft und Abfahrt sämtlicher Zugvögelarten wird akribisch Buch geführt, seltene Sichtungen werden in der Tagespresse gemeldet wie Sportrekorde, und das Balz- und Brutverhalten so manchen finnischen Vogels wird heimlich von Menschen per Webkamera mitverfolgt.

Ringelrobbe, Wolf und Rentier

Die finnische Seenplatte entstand, als am Ende der letzten Eiszeit die Gletscher abschmolzen und das Land sich, von der Last befreit, zu heben begann. Vor achttausend Jahren sammelte sich das Wasser in unzähligen Kuhlen, und dabei wurden einige Robben von ihrem Zugang zum Meer abgeschnitten. Im Lauf der Evolution entstand so die Saimaa-Ringelrobbe, die sich völlig an das Leben im Süßwasser angepasst hat und das einzige endemische Säugetier Finnlands ist. Sie lebt, wie der Name sagt, im größten finnischen See, dem Saimaa, der mit einer Fläche von 4400 km² etwa achtmal so groß ist wie der Bodensee. Und sie ist akut vom Aussterben bedroht, es gibt nur noch etwa zweihundertfünfzig Exemplare. Immerhin ist die Ringelrobbe das offizielle Symboltier der finnischen Naturschützer, aber ob die Art noch zu retten ist, werden die nächsten zehn Jahre entscheiden.

Wölfe sind zwar nicht vom Aussterben bedroht, es gibt jedoch in Finnland auch von ihnen nur noch um die zweihundertfünfzig Exemplare. Die meisten dieser Wölfe leben in den Wäldern entlang der russischen Grenze, und in harten Wintern muss in Ostfinnland schon mal eine entlegene Grundschule geschlossen werden, weil der Schulweg für die Kinder nicht mehr sicher ist. Die meisten abgelegenen Grundschulen sind inzwischen wegsaniert worden, und das letzte von insgesamt hundertzehn finnischen Kindern, die im Lauf der amtlich registrierten Geschichte von Wölfen gerissen wurden, war Kalle Oskari Grönroos, den es am 7.11.1881 erwischte. Trotzdem sitzt die Angst vor den Wölfen tief. Noch heute verflucht man jemanden auf Finnisch, indem man ihm wünscht *hukka sinut periköön!* Soll dich die Wölfin erben! Und etwas verlieren heißt: es »verwolfen«.

Rangifer tarandus tarandus klingt sehr geheimnisvoll, schmeckt gut und bedeutet Rentier. Rentiere sind halbzahme Nutztiere, die den größten Teil des Jahres frei in den nordfinnischen Wäldern und auf den Fjällen Lapplands weiden. In Finnland gibt es etwa zweihunderttausend Stück. Das Rentier geht auf das arktische Reh zurück, das vermutlich im späten Mittelalter gezähmt wurde und seither gezüchtet wird. Die Rentierzucht ist die Lebensgrundlage der Samen, und der Erwerbszweig wird nicht nur von Finnland, sondern auch in den anderen Lapplandstaaten gefördert und geregelt.

Um die Mittsommernacht treiben die Samen ihre Tiere zusammen, um durch einen Messerschnitt am Ohr zu markieren, wem der Nachwuchs gehört. Im Herbst findet dann die Rentiertrennung statt, bei der die Tiere in große Gehege getrieben und voneinander getrennt werden, um die Besitzer zu ermitteln und um die Tiere zum Schlachten und zum Züchten auszusuchen. Geschlachtet wird en gros und im Freien. Jedes Jahr werden zwei Millionen Kilogramm Rentierfleisch verkauft und verarbeitet, aber der Anblick von Hunderten von Rentieren, die kopfüber an den Birken hängen und in den frischen Schnee verbluten, kann dem Außenstehenden für einen Moment den Appetit verderben.

Die Esten, die südlichen Beinahe-Nachbarn, nennen die Finnen übrigens scherzhaft *poro*, Rentier. Nicht sicher ist, ob dies auf die traditionelle lappländische Tierhaltung oder auf das Verhalten finnischer Sex- und Alkoholtouristen in der estnischen Hauptstadt Tallin zurückzuführen ist.

Eins mit der Honigpfote

Auch Braunbären sind in Finnland bedroht, es gibt noch etwa achthundert bis tausend Tiere, die mit Ausnahme der südwestlichen Åland-Inseln im ganzen Land gesichtet werden. Für die Ureinwohner war der Bär ein gefürchtetes und verehrtes Tier. In der Mythologie verschiedener nördlicher Kulturen sind Menschen und Bären miteinander verwandt. Wenn ein Klan einen Bären erlegt hatte, veranstaltete man ein Fest, bedankte sich rituell für seine Beute und bat den Bären, wieder in den Wald zurückzukehren. Die finnische Sprache kennt ein Dutzend verschiedener Begriffe für den Bären, da der Bär nach altem Aberglauben herbeigerufen wird, sobald man ihn beim Namen nennt. Also erfand man Euphemismen wie »Honigpfote« oder »Waldapfel«, um über Bären reden zu können, ohne von ihnen belästigt zu werden.

Normalerweise weichen Bären dem Menschen aus oder machen sich rechtzeitig warnend bemerkbar. Nur wenn Bären Junge haben, verhalten sie sich aggressiv und interpretieren alles, was ihre Nachkommen potenziell bedrohen könnte, als feindlich. In den letzten hundert Jahren ist es in Finnland nur zweimal vorgekommen, dass ein Bär einen Menschen getötet hat. Zuletzt geschah dies 1998: Ein Jogger im ostfinnischen Ruokolahti geriet im Wald zwischen eine Bärenmutter und ihr Junges. Im Mai 2006 griff in der Nähe des Örtchens Hankasalmi ein Bär eine Joggerin an und biss ihr ins Bein, als aber die resolute Frau dem Bären mit dem anderen Fuß kräftig in die Nase trat, ließ dieser von ihr ab und trollte sich. 2007 gab es innerhalb von drei Wochen gleich drei Fälle, in denen Jäger aus kurzer Distanz Bären erschießen mussten, um sich selbst zu retten. Zuletzt musste im Juli 2009 eine Frau, wieder eine Joggerin, ins Krankenhaus, weil eine Bärenmutter sie gebissen hatte. In Radio und Fernsehen riet man der örtlichen Bevölkerung, zu Hause zu bleiben. Polizeibeamte fanden und töteten die Bärin und ihre zwei Jungen mit der Dienstwaffe und mit dem Argument, man habe »kein Narkosemittel zur Hand gehabt«.

Auch auf der Straße können Bären und Menschen sich zu nahe kommen, und manchmal erweist sich das für die Polizei als Glücksfall. Im mittelfinnischen Städtchen Jämsä mussten die »Blauen Anemonen«, wie Polizeibeamte wegen ihrer blauen Uniform respektvoll genannt werden, im Sommer 2009 einen Bären erlegen, der sich bei einem Autounfall schwer verletzt hatte. Rechtmäßig gehörte das Tier der Polizei, da diese es erlegt hatte. Um die chronisch knappe Polizeikasse aufzufüllen, versteigerte man das Fleisch kurzerhand.

Sämtliche Zwischenfälle ereigneten sich im Sommer, da Bären sich über die Wintermonate zum Schlafen zurückziehen. Ein Tipp für alle, die unbedingt im Sommer im finnischen Wald joggen müssen: Lassen Sie den MP3-Spieler ausgeschaltet und die Kopfhörer in der Tasche, das kann Ihnen das Leben retten.

Elche haben Vorfahrt

Elche und Menschen praktizieren zwar im Allgemeinen eine friedliche Koexistenz, aber weil sie sich in den nördlichen Ländern der Erde ihren Lebensraum teilen müssen, kommt es immer wieder zu ungewollten und fatalen Begegnungen: Allein in Norwegen sterben jährlich tausend Elche bei Zusammenstößen mit Eisenbahnzügen. In Schweden gibt es pro Jahr fünftausend Autounfälle mit Elchen, in Finnland sind es immerhin eintausendfünfhundert, und jedes Jahr sind dabei im Schnitt zehn menschliche Todesopfer und etwa dreihundert Verletzte zu beklagen.

Beim Zusammenstoß eines Elches mit einem Pkw tragen im Allgemeinen beide Parteien schweren Schaden davon, vor allem deshalb, weil sich der Rumpf eines Elchs, also der schwere Teil, genau auf Augenhöhe des Fahrers befindet. Ein ausgewachsener männlicher Elch wiegt bis zu achthundert Kilogramm, und das Geweih hat eine Spannweite von bis zu zwei Metern.

Man unternimmt einiges, um Kollisionen zu vermeiden, man verbreitert die Straßen, damit der nahende Autofahrer mehr Zeit hat, den aus dem Wald tretenden Elch zu sehen, man stellt hohe, besonders stabile Wildzäune auf, an manchen Stellen gibt es sogar Tunnels, durch die die Elche die Fahrbahn sicher unterqueren können. All das ist natürlich horrend teuer.

Nicht nur im Straßenverkehr richten Elche Schaden am menschlichen Besitz an, sondern auch in Feld und Wald. Jährlich muss die finnische Regierung etwa vier Millionen Euro als Kompensation für von Elchen verursachte Schäden im Verkehr und in der Land- und Forstwirtschaft bezahlen.

In den finnischen Wäldern leben nach amtlichen Schätzungen etwa 160 000 Elche, die Zahl schwankt, weil Tiere ohne Formalitäten und nach Belieben die bewaldete Ostgrenze überschreiten dürfen. Die Population wird auf gleichem Niveau gehalten und systematisch bejagt. Jedes Jahr gibt es Quoten für Jäger – recht hohe Quoten: Im Jahr 2004 wurden 68 000 Elche legal erlegt.

Finnlands ekelhaftestes Tier

Elche sind zwar bisweilen lebensgefährlich, dafür aber wenigstens sympathisch. In ihrem Fell jedoch lebt das meines Erachtens ekelhafteste Tier des Landes, die Hirschlausfliege. Diese kleinen Blutsauger gibt es hier erst seit den Sechzigerjahren, sie kamen damals aus südöstlicher Richtung über die Grenze und breiteten sich so schnell aus, dass sie schon fast ganz Finnland erobert haben.

Nur im äußersten Norden Lapplands gibt es die Hirschlausfliege noch nicht – im äußersten Norden Lapplands gibt es dafür aber die militantesten Mücken der Welt, die nicht stechen, sondern beißen.

Auf einem einzigen Elch wohnen bis zu zehntausend solcher Hirschlausfliegen, und weil die Tierchen die Flügel abwerfen, sobald sie gelandet sind, leben sie immer auf demselben Wirtstier. Hirschlausfliegen orientieren sich nicht wie etwa Steckmücken am Kohlendioxid, das ihre potenziellen Opfer ausatmen, sondern per Infrarot. Wenn die etwa einen halben Zentimeter langen Schmarotzer etwas Warmes spüren, stürzen sie sich darauf, werfen die Flügel ab und machen es sich gemütlich.

Einmal besuchte ich einen Freund, der gerade ein wunderschönes Haus auf dem Land gekauft hatte, sogar ein Stück Wald gehörte zum Grundstück. Nachdem ich das Anwesen gebührend bewundert und Kaffee getrunken hatte, fuhr ich zurück nach Helsinki, eine malerisch gewundene, einsame finnisch Landstraße. Und beinahe wäre ich im See gelandet, denn unterwegs begann es mich überall zu kitzeln. Ich musste anhalten und mich einer Leibesvisitation unterziehen, bei der ich ein halbes Dutzend Hirschlausfliegen fand. Zu Hause bei der Nachuntersuchung fand ich noch zwei, die sich in den Falten meiner Jacke versteckt hatten, und eine, die in meiner Hosentasche lauerte.

Ob diese Parasiten Krankheiten übertragen, ist noch weitgehend unerforscht, auf jeden Fall kann man vom Kontakt mit ihnen einen langwierigen Hautausschlag bekommen. Sie sind stabil und flexibel gebaut, etwa wie Küchenschaben, und um eine Hirschlausfliege umzubringen, genügt es nicht, einfach draufzuschlagen, man muss sie kräftig mit dem Fingernagel zerdrücken, wobei ein grässliches Geräusch entsteht… genug davon.

Rowdymöwen und Citykaninchen

Auch der in Finnland nur spärlich vorhandene urbane Lebensraum wird ständig von der Tierwelt belagert. Am frechsten benehmen sich die verschiedenen Möwenarten, die an der Küste und somit auch in der Innenstadt von Helsinki ihr Unwesen treiben. In Restaurants müssen die Gäste davor gewarnt werden, ihre Mahlzeit auf der Terrasse zu sich zu nehmen, trotz der dünnen Nylonschnüre, die meist verspannt sind, um die gierigen Vögel von den Tischen abzuhalten. Weinende

Kinder, denen ein riesiger weißer Vogel das Eis aus der Hand stibitzt hat, sind im Sommer ein regelmäßiger Anblick. Die größte hier vertretene Möwenart hat eine Spannweite von etwa einem Meter, und auch Erwachsenen fällt bei ihren dreisten Angriffen schon mal der Kebab oder das Würstchen aus der Hand.

Aber nicht nur aus der Luft, sondern auch von unten ist Helsinki bedroht. Laut Schätzungen gibt es im Stadtbereich knapp 10 000 Karnickel, Nachkommen von freigelassenen oder entkommenen Haustieren, die sich durch günstige Bedingungen fröhlich vermehrt haben und inzwischen zur Land- beziehungsweise Stadtplage geworden sind. Was immer das Gartenbauamt auch anpflanzt, wenn es auf dem Karnickelspeiseplan steht, verschwindet es im Handumdrehen. Manchmal müssen Bäume gefällt werden, weil die Citykaninchen die Wurzeln komplett unterhöhlt haben. Die organisierten Nager fallen wie ein Heuschreckenschwarm über Friedhöfe her und durchlöchern die Parks der Stadt wie Schweizer Käse.

Der Stadtverwaltung bleibt nichts anderes übrig, als die Pelztierchen abknallen zu lassen. Trotz lautstarker Proteste vieler Kindergärten und Naturschützer wurde deshalb das Feuer auf die Langohren eröffnet. Vor allem frühmorgens und abends knallen in Parks, an Sportplätzen und in Kleingartenanlagen die Kleinkalibergewehre. Die Kadaver werden gesammelt und an die Raubtiere im Helsinkier Zoo verfüttert – ganz im Zeichen einer dauerhaften Entwicklung. Bisher konnte das Karnickelpogrom die niedliche Bevölkerungsexplosion allerdings nur verlangsamen, nicht aufhalten.

Ein besonderes Verhältnis hat Finnland zu einem ganz speziellen City-Tier, zu einem Uhu mit dem Spitznamen Bubi. Bubi erschien eines Tages im Januar 2007 aus heiterem Himmel im Helsinkier Olympiastadion, ließ sich häuslich nieder und wohnt seither dort. Schon kurz nach Bubis Auftauchen begann sich die Presse für den Vogel zu interessieren, seinen größten Auftritt jedoch hatte der Uhu während des Fußballländerspiels Finnland–Belgien. Zunächst verfolgte Bubi das Spiel von der Zuschauertribüne, flog dann aber in der 17. Spielminute auf den Rasen. Als die Spieler versuchten, ihn zu verscheuchen, flog er erst zum finnischen Tor, dann zum belgischen, drehte anschließend unter dem brausenden Beifall des Publikums eine Ehrenrunde durchs Stadion und ließ sich schließlich einige Meter hinter dem belgischen Tor nieder. Der Schiedsrichter musste das Spiel für etwa sechs Minuten unterbrechen, und sofort, nachdem der Uhu wieder auf der Tribüne Platz genommen hatte, ging Finnland mit 1:0 in Führung. Das Spiel wurde zum Schluss mit 2:0 gewonnen, kein Wunder also, dass die finnische Fußballnationalmannschaft sich heute *Uhus* nennt und der große Eulenvogel ihr Maskottchen ist.

Abenteuer im Alltag – Finnische Alltagskultur

In jeder Kultur gibt es sie millionenfach, die kleinen Ikonen des Alltags, die dem Einheimischen seit frühester Kindheit vertraut sind und dem Fremden auffallen. In anderen Ländern haben Straßenschilder, Briefkästen und Telefonzellen eine andere Farbe, in anderen Ländern wird anders gegessen und getrunken und anders gelebt. Das gesamte Bild der anderen Kultur erschließt sich aus der Unzahl der kleinen Details. Manche davon sieht man auf den ersten Blick, manche erst auf den zweiten, und bei manchen muss man lange und genau hinsehen, um sie zu erkennen.

Also: Die Briefkästen sind in Finnland orange, die Wegweiser weiß auf blauem Grund (auf Autobahnen weiß auf grünem Grund), und die Telefonzellen sind grün. Im gelobten Land der mobilen Kommunikation heutzutage noch eine Telefonzelle zu finden, ist allerdings eine echte Herausforderung.

Wenn man die Menschen betrachtet, ist das Erste, was einem auffällt, die Haarfarbe. Etwa die Hälfte aller Finninnen und Finnen sind blond, wobei als blond alles vom sogenannten landstraßenblond, also dunkelblond, bis schneeweiß gilt. Träger der letzteren Haarfarbe heißen auch *pellavapäät*, Flachsköpfe. Angeblich gibt es in Finnland prozentual die meisten Blondinen und Blonden der Welt, nur etwa fünf Prozent der Bevölkerung haben wirklich dunkle Haare. Allerdings kann man sich des Eindrucks nicht erwehren, dass sich in Finnland auch ein besonders hoher Anteil der Frauen die Haare färben oder zumindest tönen lässt. So wie es in Deutschland überall Drogerien und Apotheken gibt, sieht man hier an jeder Straßenecke einen Friseur. Drogerien gibt es überhaupt nicht.

Schaut man etwas weiter nach unten, bemerkt man, dass die meisten Finnen nicht eitel sind, was ihre Bekleidung angeht. Die Welt ist schließlich kein Laufsteg, und das Wichtigste an der Kleidung ist nicht, dass sie gut aussieht, sondern dass sie warm und trocken hält. Dass der Minirock nicht in Finnland entstanden ist, kann angesichts des Klimas nicht verwundern.

Finnische Alltagsmode kann man am besten außerhalb der weitgehend europäisierten Hauptstadt betrachten, etwa an ländlichen Tankstellen oder auf dem Marktplatz eines Kleinstädtchens. Finnische Frauen benutzen deutlich weniger Makeup, Schmuck, Stöckelschuhe und Accessoires als ihre ausländischen Schwestern, und der Freizeitanzug eines finnischen Mannes besteht meist aus Jogginganzug und Turnschuhen, wobei auf den Kopf unbedingt ein *lippalakki* gehört, eine Baseballmütze. Auch die klassische Kombination von Hawaiihemd, Shorts, beinahe weißen Sportsocken und Sandalen wird von Männern im Sommer gern getragen.

Was zudem auffällt, ist das Fehlen von finnischen Ein- und Zweicentstücken. Sie existieren zwar, sind aber nicht im Umlauf. Summen werden gerundet, wie schon früher, als es noch *markka* und *penni* gab, und zwar selbstverständlich zu Ungunsten des Kunden. Kleinere Münzen als Fünfcentstücke werden nicht angenommen, und wenn etwas 98 Cent kostet, dann kann man keine 98 Cent hinlegen, sondern muss einen Euro bezahlen, da stellt sich finnisches Verkaufspersonal stur. Nur wer mit Kreditkarte bezahlt, hat auf seiner Rechnung auch wirklich 98 Cent stehen.

Die traditionelle Fünfertüte, eine bunte Mischung aus Süßigkeiten, löste einen Schock aus. Als die neue Währung eingeführt wurde, kostete ein Euro 5,95 Finnmark. Die Fünfertüte wurde zur Eurotüte und kostete also bei selbem Inhalt ein Fünftel mehr. Das entsetzte sogar die Kinder.

Wie gesagt: Ein- und Zweicentstücke sind nicht im Umlauf, aber es gibt sie. Sie werden vom Staat in kleiner Auflage geprägt und in Touristenshops an Sammler verkauft. Weil sie so selten sind, kosten sie bis zu zehn Euro – mehrere Hundert Mal mehr als der Nominalwert. Ganz schön clever.

Wer auf einem finnischen Markt oder in einer der pittoresken Markthallen einkauft, die es noch in fast allen Städten gibt, wundert sich vielleicht auch über die hölzernen, viereckigen Messbehälter, die es in verschiedenen Größen bis zu mehreren Litern gibt. Sie dienen zum Abmessen von Kartoffeln, Zwiebeln, Erbsen und anderem Gemüse, das hier nicht nach Gewicht, sondern nach Litern verkauft wird.

Beim Spazierengehen am Ufer von finnischen Gewässern sieht man nicht selten hölzerne Plattformen, die aufs Wasser hinausreichen und durch einen Steg mit dem Land verbunden sind. Zum Ensemble gehört immer auch ein großes, aus Holz gezimmertes Gestell, das an Land steht. Im Sommer werden hier Teppiche gewaschen, keine Orientteppiche, sondern meist die traditionellen finnischen *räsymatot*, Teppiche, die aus Baumwollfetzen gemacht und sehr dünn sind. Es gibt sie einfarbig, gestreift oder auch als bunte Mischung verschiedenfarbiger Fasern.

Die Teppiche werden im See- oder Süßwasser nass gemacht, anschließend mit der Bürste und *mäntysuopa*, mit Kiefernseife, geschrubbt. Dann spült man die Seife aus, an vielen Stellen kann man seinen Teppich sogar auf einer überdimensionalen Mangel auswringen, und dann hängt man ihn zum Trocknen aufs Gestell und holt ihn ab, wenn er trocken ist. Nur selten kommen Vandalen auf die Idee, einen schweren, nassen Teppich zu klauen. Kiefernseife ist seit eh und je das beliebteste Putzmittel in Finnland, nicht nur für Teppiche, und der typische Geruch erweckt in fast allen Finnen Erinnerungen an ihre Kindheit.

Die Teppichwaschplattformen werden meist von den Gemeinden unterhalten, die berühmteste befindet sich in Südhelsinki, und im Sommer wundern sich die Touristen, die im Sightseeing-Schiff vorbeifahren, meist gebührend über die fleißigen Finninnen und Finnen, die in Shorts und Gummistiefeln ihre Teppiche reinigen.

So schön das Ganze auch aussieht, in letzter Zeit ist die Zahl der öffentlichen Teppichwaschanlagen gesunken, denn die Umweltbehörde möchte unnötige Emissionen in die Gewässer vermeiden, und da sie gegen die Papierindustrie schlechte Chancen hat, macht sie eben den Teppichwäschern das Leben schwer.

Auf finnischen Toiletten gibt es ein Detail, um das manch andere Kultur Finnland beneiden könnte – wenn sie denn etwas davon wüsste. Zur Grundausstattung einer finnischen privaten Toilette gehört ein Schlauch mit einem Brausekopf und einem Druckknopf, der das Wasser entfesselt. Dieser Schlauch dient der Intimwäsche, und beim Reinigen der Toilette kann man damit bequem die ganze Nasszelle abspülen.

Ein absoluter Klassiker der finnischen Kultur ist auch das Abtropfgitter, das sich anstatt einer Bodenplatte in finnischen Geschirrschränken über der Küchenspüle befindet. Finnen haben kein Verständnis für Kulturen, die ihr Geschirr abtrocknen, wenn man diese Arbeit doch der Luft überlassen kann. Obwohl die Spülmaschine längst Einzug in finnische Küchen gehalten hat, gibt es das Abtropfgitter immer noch in fast jedem Haushalt, sowohl in der eigentlichen Wohnung als auch im Sommerhäuschen.

Weiches Wasser und Allergien

Finnisches Wasser ist ganz einfach gut. Es ist extrem weich und hinterlässt keine Spuren. Ich musste in Finnland noch kein einziges Mal eine Geschirrspülmaschine, einen Wasserkocher oder eine Kaffeemaschine entkalken. Bei einem Qualitätstest schnitt das Leitungswasser von Helsinki deutlich besser ab als sämtliche teuren, in Flaschen abgefüllten Tafelwasser, sowohl beim Geschmack als auch bei der Sauberkeit. Es kommt aus dem Päjänne-See und fließt durch den mit hundertzwanzig Kilometern längsten Granittunnel der Welt nach Süden, um den Durst einer Million Bewohner in der Hauptstadtregion zu stillen.

Trotz ihres gesunden Wassers, vielleicht aber auch gerade deshalb werden überdurchschnittlich viele Finnen von Allergien geplagt. In den letzten vierzig Jahren hat sich die Zahl derer, die an einer Allergie leiden, vervierfacht, und inzwischen sind dreißig bis vierzig Prozent der jüngeren Bevölkerung gegen irgendetwas allergisch. Zöliakie, Heuschnupfen, Haustier- oder Hausstauballergie – es gibt die verschiedensten Allergien und für die Opfer eine Palette an speziellen Produkten. Besonders Milchprodukte mit dem Prädikat *Hyla* sieht man überall, sie enthalten keinen Milchzucker, weil die Laktoseintoleranz, also das Fehlen des Enzyms zum Abbau von Laktose, nicht nur in Finnland, sondern auch in anderen Nordischen Ländern eine Art Volksleiden ist.

Eine von der Finnischen Akademie in beiden Teilen Kareliens durchgeführte Studie brachte Interessantes zutage: Die Orte, an denen die Untersuchung durchgeführt wurde, lagen nur etwa hundert Kilometer voneinander entfernt, aber auf der russischen Seite der Grenze wurden sowohl im Trinkwasser als auch in den Wohnungen der Menschen viele Tausend Mal mehr Mikroben gefunden als in Finnisch-Karelien. Im superhygienischen Finnland gab es dafür viermal mehr Allergiker als in Russisch-Karelien. Vielleicht ist es ja wahr, dass ein gesunder Grundschmuddel das Immunsystem des Menschen stärkt, übertriebene Hygiene es hingegen schwächt.

Wohnen um fast jeden Preis

Dass das Wohnen wichtig ist für Finnen, ist angesichts des harschen Klimas verständlich. Ob man will oder nicht, hier muss man viel mehr Zeit innerhalb der eigenen vier Wände verbringen als am südlichen Ende Europas. Finnen müssen zudem deutlich mehr Geld für ihre Wohnung ausgeben als ihre europäischen Brüder und Schwestern in Sizilien, nämlich ganze fünfundzwanzig Prozent ihres Einkommens.

Meist tun sie dies in Form von Kreditrückzahlungen, denn etwa sechzig Prozent der Finnen leben in Eigentumswohnungen. Stadtwohnungen, Reihenhäuser, Doppelhaushälften oder Einfamilienhäuser werden hier, wenn irgend finanzierbar, gekauft. Die Laufzeiten dieser Wohnungskredite sind lang, fünfundzwanzig Jahre sind keine Seltenheit. So sind die meisten Finnen verschuldet, und so erklärt sich ein Spruch, den man in Finnland oft zu hören bekommt: »Ich bin mit der Bank verheiratet.« Eine Zweizimmerwohnung in der Innenstadt von Helsinki mit etwa 45 Quadratmetern kostet zwischen 150 000 und 200 000 Euro, in Rovaniemi am Polarkreis bekommt man für dasselbe Geld ein ganzes Haus mit mehr als dem Doppelten an Wohnfläche und einem Garten.

Der Markt für Mietwohnungen ist schmal, die Preise sind schwindelerregend. Wenigstens ist Wasser im Mietpreis inbegriffen, ebenso wie die Heizkosten.

Eine Kaltmiete gibt es in Finnland nicht. Etwa die Hälfte aller Wohnungen wird mit Fernwärme aus Kraftwerken beheizt, vor allem Helsinki war ein Vorreiter auf diesem Gebiet. Hier ging der erste Fernwärmekunde schon im Olympiajahr 1952 ans Netz, und die Stadt bekam 1990 von der UNO für vorbildliches Recyceln von Wärmeenergie einen Umweltpreis.

40 Prozent der Finnen leben alleine, 32 Prozent zu zweit und 28 in Mehrpersonenhaushalten. Statistisch gesehen haben jede Finnin und jeder Finne 38 Quadratmeter Platz für sich.

Meine finnischen Freunde fragen mich dann und wann, warum ich nie den Versuch gemacht habe, eine Eigentumswohnung zu erwerben. Ich würde doch als Mieter nur meinen Wohnungseigentümer ständig bereichern, ohne selbst etwas davon zu haben. Als ob die gelebten Jahre, die ich in verschiedenen Mietwohnungen verbracht habe, nichts wären. Ich versuche dann immer zu argumentieren: Ich würde ja schließlich auch täglich einen Liter Milch kaufen und damit ständig die Molkereien bereichern – ob ich denn dumm wäre, dass ich mir keine eigene Kuh anschaffte. Der Vergleich stößt jedes Mal auf komplettes Unverständnis – wenn es ums Wohnen geht, hört der Spaß auf. Das eigene Heim ist mit großem Abstand das wichtigste Statussymbol, das es für Finnen gibt.

Im deutsch-finnischen Wörterbuch steht als Synonym für das Wort Haus *talo*. In Wirklichkeit sieht ein finnisches *talo* aber ganz anders aus als ein mitteleuropäisches Haus. Das Nonplusultra für Finnen ist ein Einfamilienhaus. Aus Holz muss es sein, rot angestrichen, geweißelte Kanten muss es haben und selbstverständlich einen Garten drum herum. Es gibt dieses Traumhäuschen in beige, in hellblau und einigen anderen dezenten Farben, aber neunzig Prozent der finnischen Holzhäuser sind dunkelrot. Die typische Farbe kommt von einem in Finnland überall reichlich vorhandenen Erdpigment namens *punamulta*, das reichlich Eisenoxid enthält. Und einen

Weinkeller haben die meisten Finnen schon allein deshalb nicht, weil Finnland aus Granit besteht und man Keller hier nicht graben kann, sondern sprengen muss.

Schuhe aus und Finger weg

Die traditionelle, typisch finnische Art, sozial miteinander zu verkehren, ist, sich gegenseitig zu Hause zu besuchen. Auf Finnisch heißt dies in Reminiszenz an die nicht sehr weit zurückliegende Agrargesellschaft noch immer *käydä kylässä*, »zu jemandem ins Dorf kommen«. Grundsätzlich werden Besuche angekündigt und geplant, man überfällt sich hier nicht spontan ex tempore. In den Städten ist es überdies fast unmöglich, bei jemandem einfach so an der Tür zu klingeln: Fast überall gibt es verschlossene Außentüren, die sich nur mit einem Schlüssel oder einem vierstelligen Code öffnen lassen.

Sollten Sie in Finnland zu jemandem auf einen privaten Besuch eingeladen werden, empfehle ich Ihnen, wie folgt zu verfahren:

Ziehen Sie sich bei Ihrer Ankunft sofort, ungefragt und noch im Flur die Schuhe aus, unabhängig von der Jahreszeit und der Art Ihrer Schuhe. Wichtig ist, dass Sie die Schwelle zu den eigentlichen Wohnräumen unbedingt in Strümpfen beziehungsweise barfuß überschreiten. Dieser Brauch hat seinen Ursprung im leider häufig miserablen finnischen Wetter, und ursprünglich ging es wohl darum, das Einschleppen von Schnee, Matsch oder Dung in die Innenräume zu vermeiden. Hinter dem kleinen Alltagsritual steckt aber noch mehr als nur das Bedürfnis nach Reinlichkeit. Sich die Schuhe zu Beginn des Besuches auszuziehen, ist ein Akt der Unterwerfung, ein Symbol dafür, dass man die Regeln des Gastgebers oder der Gastgeberin verstanden hat und akzeptiert, dass die Wohnung ein heiliger Ort ist, an dem man nicht mit grobem Schuhwerk herumpoltert. Außerdem sind Menschen in Socken wesentlich milder gestimmt, und die Wahrscheinlichkeit, dass der Besuch aggressiv wird, ist ohne Schuhe geringer. Kommen Sie also mit wohlriechenden Füßen und Strümpfen zum Besuch.

Bringen Sie keine Blumen und kein Konfekt mit, sondern etwas zu trinken. Zum guten Ton gehört, etwa so viel Alkohol dabeizuhaben, wie man im Verlauf des Abends selbst zu konsumieren gedenkt. Und wenn die Flasche schon zu Beginn des Besuchs nicht mehr ganz voll ist, braucht man sich nicht zu schämen, jeder hat dafür Verständnis. Das Byob-Prinzip (bring your own bottle) heißt natürlich nicht, dass man nur seine eigenen Alkoholika trinken darf, die Mitbringsel werden meistens kollektiv genossen. In Finnland erwartet niemand, von einer anderen Person auf deren Kosten mit Alkohol bewirtet zu werden, denn eine Stube voller Gäste betrunken zu machen, kann einen Gastgeber leicht an den Rand des finanziellen Ruins treiben.

Ganz wichtig, ob nüchtern oder nicht: Finnland ist eine non-taktile Kultur, versuchen Sie unter keinen Umständen, ihre finnischen Bekannten zu umarmen oder auf die Wangen zu küssen, wie das bewegte, postmoderne Europäer heutzutage schon nach der zweiten Begegnung so gern tun. Wenn Sie sich nicht an diese Regel halten, können Sie sicher sein, dass nach Ihrem Abschied über Sie gesprochen wird.

Ist man zum ersten Mal bei jemandem zu Besuch, empfiehlt es sich, die Wohnung gebührend zu bewundern. Finnische Gastgeber freuen sich, wenn man sie bittet, ihr sauer erspartes, in liebevoller Do-it-yourself-Arbeit renoviertes Haus oder ihre Wohnung zu zeigen, und falls sich nichts anderes findet, bietet das Wohnen im Notfall Gesprächsstoff für den ganzen Abend.

Bei Tisch und auch sonst gehört zum richtigen Benimm, sich öfters ein bisschen zu zieren. Ein Beispiel: Auf die Frage

»Möchtest du einen Kaffee?« schlicht mit »Ja, danke« zu antworten, ist zwar korrekt, aber nicht die beste Lösung. Perfekt sind Sie, wenn Sie antworten: »Gern, aber nur, wenn noch jemand anders Kaffee trinkt.«

Wenn Sie alles richtig machen, wird man Sie aller Wahrscheinlichkeit nach in die Sauna einladen, ein Sympathiebeweis, den Sie auf keinen Fall ausschlagen sollten. Wenn Sie wirklich nicht gern in die Sauna gehen, können Sie sich aus der Affäre ziehen, indem Sie behaupten, Sie stünden unter ständiger Blutdruckmedikation und Ihr Arzt habe Ihnen das Saunieren verboten.

So viel verdient der Nachbar

Eine wirklich reizende Besonderheit des finnischen Alltagslebens ist der Umstand, dass die Daten der Steuerbehörde nicht geheim gehalten werden. Ganz im Gegenteil: Einmal im Jahr werden die Einkommen und Steuern sämtlicher Einwohner veröffentlicht, und die Boulevardpresse druckt seitenlange Listen mit den Namen und Gehältern von Politikern, Industriellen, Unternehmern, Schlagerstars und Eishockeyspielern.

Aber nicht nur den Reichen und Schönen darf man in die Tasche gucken, wer herausbekommen möchte, wie viel Geld sein Nachbar im letzten Jahr gescheffelt hat, der erfährt dies auch, ohne Umstände und ganz legal.

Die Finnen bezeichnen sich selbst unermüdlich als neidisches Volk. Bestimmt sind sie nicht missgünstiger als andere Völker, aber vielleicht hat die finnische Variante dieses unangenehmen Gefühls doch etwas Typisches. Leicht übertrieben: Wenn ein Deutscher sieht, dass im Hof seines Nachbarn eine neue, teure Limousine steht, dann überlegt er fieberhaft, wie er selbst auch zu einer solchen kommen könnte, womöglich sogar zu einer besseren. Ein Finne würde eher dazu tendieren, nach ein paar Gläsern mit seinem *pesäpallo*-Schläger das neue Auto des Nachbarn zu zertrümmern, denn: »Was ich nicht habe, das soll zum Teufel auch kein anderer haben!«

Selbstbedienung

Der Urlauber merkt es nicht so, weil er mit den Finnen vermutlich Englisch sprechen wird, aber wenn man ein Weile hier gelebt und die Sprache gelernt hat, fällt einem das Fehlen einer entwickelten Servicekultur auf. Natürlich ist diese Behauptung drastisch verallgemeinert, aber sie stimmt trotzdem: Wenn man in Finnland etwas kauft, wird man deutlich unfreundlicher bedient als in den meisten anderen westeuropäischen Ländern. Das Verkaufspersonal ist meist kurz angebunden, die Antworten »Gibt's nicht!« und »Geht nicht!« gehören zum Standardrepertoire der Beschäftigten im Dienstleistungsgewerbe. Wo sich eine Bedienung in anderen Ländern Mühe gibt, um einen Sonderwunsch zu erfüllen, wird dem Bittsteller in Finnland indigniert klargemacht, dass Extrawürste nicht auf der Speisekarte stehen.

Während man beispielsweise in den USA beim Betreten eines Geschäfts sofort von dienstfertigem Personal umringt wird und der Service nicht selten an Belästigung grenzt, muss man in Finnland im Normalfall das Personal erst suchen, und auch wenn man es gefunden hat, kann es schwer werden, Augenkontakt und verbale Kommunikation herzustellen.

Die finnische Sprache kennt kein Wort für »bitte«. Für »Entschuldigung« kennt sie eines, aber das wird nur selten benutzt. Wenn jemand seinem Nachbarn auf die Zehen tritt, bittet er im Allgemeinen nicht um Pardon, denn es ist schon schlimm genug, jemandem auf die Füße zu treten, wozu ihn danach auch noch vollquatschen?

Die Mentalität ändert sich mit der Ankunft einer neuen, internationalen und selbstbewussten Generation langsam, aber ist wird noch lange dauern, bis man sich in Finnland als Kunde wie ein König fühlen kann. Vermutlich hat die eher spartanische Dienstleistungskultur mehrere Ursachen. So ist man in Finnland traditionell nicht an Luxus und an eine reiche Vielfalt an Konsumgütern und Dienstleistungen gewohnt. Es gab meist, was man wirklich brauchte, aber man musste lange Strecken zurücklegen, um sich etwas Besonderes zu leisten, und Essen im Restaurant war bis vor Kurzem noch eine Seltenheit im Leben einer finnischen Familie. Man empfindet als normal, dass nicht der Kunde das Recht hat, Ansprüche zu stellen, sondern der- oder diejenige, die etwas *ver*kauft.

Ein anderer Grund für die verbreitete Schroffheit mag die Nähe zur ehemaligen Sowjetunion mit ihrer notorisch unfreundlichen Behandlung von Kunden sein, bestimmt aber spielt etwas, was man hier *herrojenviha*, den Herrenhass, nennt, entscheidend mit hinein. Jemanden zu bedienen, jemandem zu dienen, ist nicht vereinbar mit dem stolzen, unabhängigen finnischen Geist, und sich von jemandem bedienen zu lassen, schon gar nicht. Wer zwei gesunde Hände hat, der putzt selbst, kocht selbst, macht die Wäsche selbst und geht selbst einkaufen. Wer sich eine Putzfrau oder Haushaltshilfe leistet, tut dies wenn möglich heimlich, damit Verwandte, Nachbarn und Freunde ihn nicht beneiden oder gar für arrogant oder faul halten.

Wo immer es möglich ist, dienstleistende Menschen durch Automaten und Maschinen zu ersetzen, wird dies in Finnland auch getan. Die neueste Errungenschaft ist eine Maschine, die Bewohner eines Altenheims ausführt – das Ganze sieht aus wie eine sehr langsame Kindereisenbahn auf dem Rummelplatz. Es gibt Automaten für alles außer Zigaretten und Alkohol, eine Fahrkarte für die Straßenbahn kann man per SMS lösen, sogar Angelscheinautomaten gibt es in freier Wildbahn an Stellen, an denen die Dichte an leibhaftigen Angelscheinausstellern zu niedrig ist. Was immer die Finnen anstatt im persönlichen Gespräch elektronisch oder virtuell erledigen können, das erledigen sie auch so.

In Banken, Apotheken, in der Fleisch- oder Brotabteilung von Supermärkten, am Fahrkartenschalter der finnischen Eisenbahn – überall sieht man Automaten, aus denen man sich einen Zettel mit seiner *jonotusnumero* ziehen kann, seiner Schlangestehnummer. Ein elektronisches Pling und die richtige dreistellige Zahl auf einem großen Digitaldisplay signalisieren dem Kunden, dass er dran ist.

Und wo man keine Automaten, Nummernspender oder Roboter aufstellen kann, da steht meist ein Schild mit dem Wort *itsepalvelu* – Selbstbedienung.

Anders trinken –
Volksdroge Alkohol

Was ist der Unterschied zwischen einer finnischen Hochzeit und einer finnischen Beerdigung? – Bei der Beerdigung gibt es einen Betrunkenen weniger.

Der erste finnische Spielfilm wurde am 29. Mai 1907 in einem Helsinkier Theater uraufgeführt. Er hieß *Die Schwarzbrenner*. Zelluloid und Manuskript sind leider verschollen, aber einen Einblick in das Pionierwerk gibt eine Werbung, die am Premierentag in der größten finnischen Tageszeitung zu lesen war:

»Zwei Schwarzbrenner haben sich im finsteren Wald eine Destille gezimmert, wo sie vergnügt in aller Ruhe Schnaps brennen, sogar ein Schwein haben sie dabei, das die Reste frisst. Als ihre Brühe fertig ist und sie sich von der Qualität ihres Produkts überzeugt haben, bekommen sie Besuch von einem weithin bekannten Junker, der einkaufen will. Die drei Freunde tätigen das Geschäft und trinken kräftig einen darauf, dann geben sie sich dem Kartenspiel hin, das allerdings in einer wüsten Schlägerei endet, weil der Junker betrügt. Als der

Kampf gerade am wildesten tobt, bemerkt der Junker ungebetene Gäste: zwei Polizisten. Er macht sich aus dem Staub und lässt die beiden Schwarzbrenner in den Klauen der Amtsgewalt, der sie die Rechnung für ihr unlauteres Gewerbe bezahlen müssen.«

Schon in diesem historischen Streifen finden sich sämtliche Elemente, die zu einer guten finnischen Party gehören: eine gehörige Portion Schnaps, eine zünftige Prügelei und zuletzt ein Paar Handschellen. Nach diesem Schema verlaufen noch heute viele gesellige Abende in Finnland: Im Jahr 2008 wurden von der finnischen Polizei insgesamt 90 000 Bürgerinnen und Bürger in Gewahrsam genommen und für eine Nacht in die Ausnüchterungszelle verfrachtet. Das ist etwa jeder sechzigste Finne oder jede sechzigste Finnin. Man muss allerdings berücksichtigen, dass diese Zahl auch viele Stammkunden beinhaltet.

Hauptsächlich sind es Männer, die dem Suff erliegen, aber in den letzten Jahren haben die Frauen, vor allem die über fünfzig, deutlich aufgeholt und stehen den Männern an Trinkfestigkeit kaum mehr nach. Auch das ist wohl ein Zeichen der sprichwörtlichen finnischen Gleichberechtigung.

Auf die Schwarzbrennerei ist heute zum Glück niemand mehr angewiesen. Seit Finnlands EU-Beitritt haben sich die strengen Sitten etwas gelockert. Es ist zwar immer noch verboten, an öffentlichen Plätzen Alkohol zu trinken, aber wenn im Sommer Tausende von Jugendlichen friedlich mit ihren »Dackeln« die Grünanlagen bevölkern und die Polizei durch den Park patrouilliert, werden die Biere oder Cidre heute nicht mehr konfisziert und standrechtlich ausgeschüttet. Und ach ja, ein Dackel ist ein Zwölfpack Bier.

Sind wir hier, um zu reden oder um zu trinken?

Dass Finnen viel trinken, gehört zu den wenigen Dingen, die man anderswo auf der Welt über sie zu wissen glaubt. Und das ist eigentlich verwunderlich, denn es stimmt überhaupt nicht, in Wahrheit trinken die Finnen nicht mehr als andere Nationalitäten: Pro Kopf und Jahr verbraucht der statistische Finne etwa zehneinhalb Liter reinen Alkohol, genauso viel wie der Bundesdeutsche. Der alkoholische Ruf der Finnen (und der Bewohner der übrigen nordischen Länder) lässt sich nicht durch die Quantität des konsumierten Alkohols erklären, sondern durch die Technik, mit der dieses uralte Heilmittel in diesen Regionen angewendet wird.

Der Deutsche trinkt jeden Tag seine paar Bierchen, Weinchen oder Schnäpschen, man betäubt seinen chronischen Weltschmerz und ist jahrzehntelang klinischer Alkoholiker, ohne jemals sternhagelvoll gewesen zu sein und ohne ungebührlich aufzufallen. Alkohol kostet in Deutschland so gut wie nichts und es gibt ihn überall und rund um die Uhr.

In Finnland muss man das anders machen. Von Montag bis Donnerstag kneift man die Hinterbacken zusammen, und erst am Freitag kauft man sich die sogenannte Freitagsflasche. Und die Samstags- und Sonntagsflasche kauft man am besten gleich mit.

Anstatt einen gleichmäßigen Pegel aufrechtzuerhalten, geben es sich die Finnen eben am Wochenende umso intensiver. Andere Länder, andere Sitten, anderer Schmerz, andere Therapie. Nicht zu trinken, macht eine Person in Finnland suspekt. Wer keinen Alkohol anfasst, wird hier schnell verdächtigt: als religiöser Fanatiker oder als ehemaliger Alkoholkranker, der nicht mehr trinken *kann*. Als Premierminister Matti Vanhanen (der wohl eher nicht in die zweite Kategorie gehört) vor einigen Jahren einen russischen Spitzenpolitiker privat bei sich zu Hause empfing und ihm, da er selbst

Abstinenzler ist, Orangensaft vorsetzte, machten sich politische Kommentatoren in den Medien am nächsten Tag angesichts dieser »Provokation« scherzhaft Sorgen um Finnlands Ostbeziehungen.

Die finnische Sprache kennt viele blumige Euphemismen für alles, was mit Alkohol und seinen Auswirkungen zu tun hat. Das Bier am nächsten Morgen, das den Kater erträglich macht, heißt das »Ausgleichende«, wenn man mehrere davon braucht, handelt es sich um eine »Reparaturserie«. Und wer seinen Tag mit Wodka beginnt, praktiziert das sogenannte »Anfahren am Berg«. Der Drink, den man bei einer Besprechung zu sich nimmt, ist der »Beratende«, wer schwer angeschlagen ist, trägt »den Arsch auf der Schulter«. Ein besonders nettes Detail: Die Zahl eins gibt es auch im Plural, und der wird vor allem dann verwendet, wenn Finnen beschließen, »einen« trinken zu gehen.

Eine Warnung: An Samstag- und Sonntagmorgen sollte man in Finnland, wenn man das Haus verlässt, aufs Trottoir sehen, denn dort finden sich oftmals die Spuren der letzten Nacht, in Form von Erbrochenem und Urin. Finnische Männer haben das Pinkeln im Wald gelernt und üben es an den Wochenenden, unterwegs von einer Kneipe zur anderen, gern in seiner archaischen Form aus.

Der Stoff, aus dem die Träume sind

Mit Alkohol konnte man in Finnland schon immer viel Geld verdienen. Beneidenswert ist beispielsweise die Karriere von Nikolai Sinebrychoff, einem russischen Braumeister, der 1819 vom Zaren, damals noch Herrscher des autonomen Großfürstentums Finnland, die alleinige Erlaubnis zum Bierbrauen in Helsinki bekam. Das war so gut wie eine Lizenz zum Gelddrucken, und das schäumende Gerstengetränk machte Herrn

Sinebrychoff bald steinreich. So reich, dass er sich im Stadtzentrum von Helsinki eine Prunkvilla mit eigener Parkanlage und Aussichtsturm direkt neben seiner Brauerei erbauen ließ. Heute ist die Sinebrychoff-Villa ein Museum, und neben wechselnden Ausstellungen gibt es dort die private Kunstsammlung der Brauerdynastie zu sehen. An den Wänden hängen viele millionenschwere Werke, unter anderem von Watteau und Cranach.

Es wurde aber auch stets vehement gegen das teuflische Gift gekämpft, das Familienväter auf die schiefe Bahn und Frauen und Kinder in Bedrängnis brachte. Langsam, aber sicher setzten sich die Nichttrinker politisch durch, und hundert Jahre nach dem Biermonopol, am ersten Juni 1919, trat in Finnland die Prohibition in Kraft. Alle nicht denaturierten Flüssigkeiten mit mehr als zwei Prozent Alkohol durften ab sofort nur noch zu medizinischen, wissenschaftlichen oder technischen Zwecken hergestellt, importiert, verkauft, transportiert und gelagert werden. Nur in der Kirche durfte bei der Kommunion noch Wein ausgeschenkt werden.

Selbstverständlich hielten sich die Autorität verachtenden Finnen nur sehr weiträumig an das neue Gesetz, und als im Jahr 1931 die Regierung so unvorsichtig war, das Volk zum Thema abstimmen zu lassen, sprachen sich siebzig Prozent der Landesbewohner für die Freigabe des beliebten Äthanols aus. Das Volk wollte saufen, jemand musste ihm dabei auf die Finger gucken: Alles, was mit Alkohol zusammenhing, wurde ab sofort von einer staatlichen Monopolgesellschaft mit dem etwas fantasielosen, aber einleuchtenden Namen ALKO kontrolliert. Seit 1932 verkauft der Staat den Stoff, aus dem die Träume sind.

Seit 1969 dürfen sogenanntes Mittelbier und andere schwach alkoholhaltige Getränke mit einem Gehalt von bis zu 4,7 Prozent auch in normalen Lebensmittelgeschäften verkauft werden. Die damals notorische finnische Punkband Sleepy Sleepers (aus der sich später die weltbekannten und ebenfalls notorischen Leningrad Cowboys entwickelten) veröffentlichte 1981 den Song *Bier in die Kioske!*. Der Titel war absurd, niemand hielt für möglich, dass so etwas dereinst wahr werden könnte. Aber was als subversiver Witz gemeint war, wurde Wirklichkeit: Nur wenige Jahre später wurde das Gesetz erneut gelockert, und der Vertrieb von schwachem Alkohol wurde auch für Kioske und Tankstellen legal. Allerdings wie auch im Einzelhandel nur von morgens neun Uhr bis abends einundzwanzig Uhr. Wer auch nur eine Minute zu spät kommt, steht vor verschlossenen Kühlschränken und muss den Abend doch ohne Sixpack verbringen – oder in eine Kneipe gehen, wo ein halber Liter Bier statt knapp drei mindestens fünf Euro kostet.

Vor einem Besuch bei ALKO überprüft man sein Äußeres kurz in einem Schaufenster und stellt sicher, dass man manierlich aussieht. Hat man schon am Abend vorher gebechert, kaut man Kaugummi oder lutscht eine Pastille und versucht, sich so geschmeidig wie möglich zu bewegen und nicht mit den Flaschen zu klimpern. Wenn man verdächtig viel einkauft, murmelt man an der Kasse etwas von Großfamilie und Besuch.

Alkohol darf nur an Volljährige und nur an Nüchterne verkauft werden. Wer achtzehn ist, hat viele minderjährige Freunde, und vor den Filialen von ALKO lungern oft ramponierte Gestalten herum, die versuchen, sich gegen Entgelt von proper aussehenden Kunden etwas mitbringen zu lassen.

Besonders reger Betrieb ist bei ALKO immer am Freitagabend, und mehrmals im Jahr kommt es zu saisonalen Spitzen, so etwa an *Vappu*, am Maifeiertag, der in Finnland aber nicht mehr viel mit dem Tag der Arbeit zu tun hat. Stattdessen haben Abiturienten und Studenten den Maifeiertag gekapert und tragen zu Tausenden stolz ihre weißen Studentenmützen. Der Höhepunkt der Zeremonie, für die ALKO eine Extraschiffsladung Sekt horten muss, besteht darin, dass *Havis*

Amanda, der drallen weiblichen Skulptur am Marktplatz in Helsinki, per Kran und zu Gejohle und knallenden Sektkorken so eine Mütze aufgesetzt wird.

Weihnachten, Silvester und natürlich das Mittsommernachtsfest führen zu Staus bei ALKO, und auch die traditionellen finnischen Weihnachtsfeiern, die finnische Firmenbelegschaften im November und Dezember, also zur Zeit der schlimmsten Dunkelheit, feiern, sind ein allseits anerkannter Grund, sich tüchtig volllaufen zu lassen. Bei dieser Gelegenheit kann man dann seinem Chef mal die ganze Wahrheit sagen, an Einzelheiten einer gelungenen Weihnachtsfeier erinnert sich am nächsten Montag sowieso niemand mehr.

Erlebnisgastronomie

Auch ein Restaurantbesuch in Finnland hat seine spannenden Einzelheiten. Fast überall gibt es Türsteher, die meist in sympathisches Schwarz gekleidet sind, wohl dreimal wöchentlich einen Kraftraum besuchen müssen und, vermutlich aus psychologischen Gründen, fast sämtlich Glatzenträger sind. Wer an diesem Türsteher vorbeigekommen ist, muss als Nächstes an der Garderobe für ein oder zwei Euro seine Jacke abgeben, das ist in den meisten Etablissements obligatorisch, manchmal auch, wenn man gar keine Jacke anhat.

Viele Finnen erzählen gern erinnerungsverklärt vom sogenannten fliegenden Sandwich. Noch in den Siebzigerjahren musste man zu jeder Portion Alkohol feste Nahrung dazubestellen. Also gab es in finnischen Kneipen immer ein trist belegtes Brötchen, in das nie jemand biss, das aber im Verlauf des Abends unzählige Male den Besitzer wechselte.

Inzwischen darf man sogar sein Glas persönlich von einem Tisch zum anderen transportieren, wenn man etwa die Gesellschaft wechseln will. Vor dreiundzwanzig Jahren wurde ich, soeben aus Westberlin eingetroffen, dafür von einer finnischen Serviererin vor aller Augen lautstark abgemahnt, und als ich lachte, weil ich das Ganze für einen Witz hielt, konnten meine finnischen Freunde mich nur knapp vor einem Lokalverbot bewahren.

Wenn man in einem finnischen Restaurant ein Glas Wein bestellt, wird man gefragt, ob man zwölf, sechzehn oder gar vierundzwanzig Zentiliter möchte. Schnaps und Wein müssen mit Messbechern ausgeschenkt werden, an der Zapfanlage rechnet der Computer mit, damit die Restmenge im Fass mit den Kassenbons übereinstimmt. Wer hinter dem Tresen einer finnischen Kneipe seine Brötchen verdient, muss selbst nüchtern bleiben, so will es das Gesetz, und ALKO entsendet Spione in Zivil, die sich in ausschankberechtigten Betrieben unauffällig vergewissern, ob mit der gefährlichen Flüssigkeit linientreu umgegangen wird. Ein Lokal, in dem der Wirt mit seinen Gästen anstößt, würde in Finnland nach einem Tag geschlossen.

Das offizielle Ende eines Restaurantabends ist spätestens dann gekommen, wenn für einen Moment das Licht entweder ganz ausgeht oder zumindest deutlich dunkler wird. Das hat nichts mit Unregelmäßigkeiten in der finnischen Stromversorgung zu tun, sondern deutet an, dass der Ausschank für den jeweiligen Abend beendet ist. Dem Besucher empfiehlt sich, diesen Moment abzuwarten. Beim Räumen des Restaurants kann man den bedauernswerten Zustand sehen, in dem sich die meisten anderen Gäste befinden, und wer den Rest der Nacht nicht allein verbringen will, macht jetzt leichte Beute.

Unfreiwillige Selbstkontrolle

Wir Deutschen leiden an etwas, das man als UFSK bezeichnen könnte, als Unfreiwillige Selbstkontrolle. Wenn sich ein Deutscher in Gegenwart seiner Geschäftspartner so betrinkt, dass man es ihm deutlich ansehen kann, dann hat er sein Gesicht verloren. In Finnland kann es einem passieren, dass man von seinen Geschäftspartnern dazu eingeladen wird, sich nackt auszuziehen, sich einen Jahrhundertrausch anzusaufen und dann wenn nötig von Freunden gestützt in den See zu reihern. Jedes Jahr ertrinken über hundert Finnen in ihren eigenen Seen, viele von ihnen auf die eben beschriebene Art und Weise. Hier verliert man sein Gesicht beim Vollrausch nicht, hier kommt ein neues dazu, ein privates, entspanntes, intimes. Hier geht es nicht darum, die Kontrolle selbst in betrunkenem Zustand zu behalten, sondern darum, sie endlich einmal zu verlieren.

Mit Finnen zu trinken, kann ein wahres Abenteuer sein. Während der Durchschnittseuropäer unter Alkoholeinfluss erst munter und sozial, später dann matt und apathisch wird, entfalten sich manche finnischen Persönlichkeiten erst morgens um fünf beim siebzehnten Schnaps. Und in diesem Stadium kann es vorkommen, dass sich das finnische Gegenüber urplötzlich verwandelt. Eine magische Transformation vollzieht sich, und aus Dr. Jekyll wird Mr. Hyde – oder umgekehrt. Aus einem introvertierten Ingenieur wird plötzlich ein aggressives Großmaul, die zugeknöpfte Schulschwester entpuppt sich als hemmungsloser Vamp, aus dem muskelbepackten Bodybuilder wird ein Häufchen Elend, das heulend mit seinem Schicksal hadert.

Zum guten Ton gehört es, sich am nächsten Morgen an nichts mehr zu erinnern. Je heißer es am Abend hergeht, desto cooler ist man am nächsten Tag, wenn die »Frisur wehtut«. Katholiken werden ihre Sündenlast in der Beichte los, finnische Protestanten tun Buße, indem sie den nächsten Tag mit einem moralischen und körperlichen Hangover verbringen. Simo Frangén, ein finnischer Komiker und TV-Moderator, formuliert das so: »Wir Finnen trinken nicht, um betrunken zu werden, sondern um einen anständigen Kater zu kriegen.«

Alternativ benebelt

Natürlich sind außer König Alkohol auch illegale Substanzen im Umlauf. Laut der Weltgesundheitsorganisation ist Finnland, was harte Drogen angeht, ein typisches Amphetaminland. Der Handel mit dem aufputschenden Pulver wird vor allem von den sogenannten Prozentbanden kontrolliert, den verschiedenen Motorradclubs, die einen großen Teil der organisierten Kriminalität beherrschen.

In den Dreißiger-, Vierziger- und Fünfzigerjahren des letzten Jahrhunderts brauchte man kein Speed, sondern das Gegenteil: Damals wurde in Finnland mehr Heroin konsumiert als in irgendeinem anderen Land der Welt, mehr als in Schweden, Norwegen, Dänemark und Island zusammen. Nur die Japaner brachten es zeitweise auf einen höheren Verbrauch. Morphium und Heroin waren damals in jeder finnischen Hausapotheke zu finden, und die Ärzte verschrieben Opiate gegen Husten, Rheuma oder Muskelschmerzen. Eventuelle Depressionen wurden so gleich mitbehandelt oder zumindest unter den toxischen Teppich gekehrt. Vor allem natürlich an Soldaten wurden Opiate großzügig ausgegeben. Allein die Militärapotheke in Helsinki hatte an Weihnachten 1940 117 000 Herointabletten, 469 000 Morphintabletten, 917 Kilogramm Opium und 351 Kilo Morphin vorrätig. In den Unterständen und Schützengräben gab es zwar nicht immer genug zu essen, aber an Betäubungsmitteln herrschte kein Mangel.

Der Völkerbund rief seine Mitgliedsländer schon in den Dreißigerjahren dazu auf, Heroin zu verbieten. Finnland weigerte sich jedoch so lange wie möglich, denn nach Ansicht des finnischen Ärztebundes und der obersten Gesundheitsbehörde war Heroin ein probates und vor allem preiswertes Mittel gegen die verschiedenen Wehwehchen des Volkes.

In den letzten zwei Jahrzehnten hat sich Cannabis in Finnland flächendeckend verbreitet. Früher beschränkte sich das Kiffen auf eine kleine und übersichtliche Subkultur. Die wenigen finnischen Heads rauchten Haschisch, das ins Land geschmuggelt werden musste, denn am sechzigsten Breitengrad, auf dem Helsinki liegt, oder gar nördlich davon im eigenen Garten Gras zu züchten, ist gelinde gesagt sinnlos.

Seit in Finnland aber eine neue, westliche Generation herangewachsen ist, seit es das Internet gibt und es kein Problem ist, sich Speziallampen, Bewässerungsanlagen, Kohlendioxidemitter und vor allem Samen zu besorgen, wächst das Kraut in so mancher Scheune, Garage und Sauna – laut Angaben sowohl der Polizei als auch des finnischen Vereins zur Legalisierung von Cannabis wird derzeit in Finnland in etwa zwanzigtausend Haushalten Marihuana angebaut. Die Polizei hebt zwar öfter eine Plantage aus, etwa wenn sie bei einem Wasserrohrbruch misstrauisch wird oder wenn sich in einer Studenten-WG plötzlich die Stromrechnung verdreifacht. Aber die Behörden sind recht machtlos gegen dieses dezentral wuchernde Phänomen. Vermutlich deshalb, weil sie so sehr mit Alkoholkontrollen beschäftigt sind.

Was blubbert im Schlafzimmer?

Wie jedes gute Gesetz hat auch das finnische Alkoholgesetz ein Schlupfloch: Schnapsbrennen ist noch immer streng verboten, aber das private Herstellen von schwach alkoholischen

Getränken durch Gärung ist erlaubt – wobei das Resultat nur für den eigenen Konsum oder den von Freunden und Verwandten verwendet werden darf. Sogenanntes Hausbier oder sogenannter Hauswein darf nicht verkauft oder bei kommerziellen Veranstaltungen ausgeschenkt werden.

Selbst gebraute Alkoholika sind zwar bei Weitem nicht so schmackhaft wie die bei ALKO gekauften, aber sie erfüllen ihren medizinischen Zweck, und sie sind bedeutend billiger. In den Neunzigerjahren, als Finnland in den Klauen einer Rezession Durst leiden musste, wetteiferten viele Familienväter stolz mit ihrem Hauswein, entwarfen mit ihren Heimcomputern bunte Etiketten für die Flaschen und dachten sich exotische Namen für ihr Gebräu aus.

Für Menschen, die besonders viele »Freunde und Verwandte« haben, gibt es in Finnland Geschäfte, die sich auf den Handel mit Heimbraubedarf spezialisiert haben und in denen man getrocknete Beeren- und Malzmischungen kaufen kann. In so manchem finnischen Schlafzimmer steht ein großer Plastikkanister neben der Heizung, der angenehm nach Hefe riecht, darauf ein Glasventil, das alle paar Minuten gemütlich blubb macht.

Sogar eine Art Reinheitsgebot für Heimgebrautes gibt es. Das finnische Gesetz postuliert: »Beim privaten Herstellen anderer alkoholischer Getränke als Bier dürfen als Rohstoffe ausschließlich frische oder getrocknete Früchte, Beeren, Trauben oder Rhabarber oder aromatische Teile der Pflanze verwendet werden, nicht aber Getreide oder daraus hergestellte Produkte. Beim Herstellungsprozess ist drauf zu achten, dass genügend Rohstoffe verwendet werden, sodass diese im vergorenen Getränk geschmacklich klar zu unterscheiden sind.«

Vermutlich macht sich der Gesetzgeber aber nicht so viele Sorgen um die geschmackliche Qualität der in Heimarbeit hergestellten Getränke, sondern versucht, seine Pappenheimer davon abzuhalten, eine Abkürzung namens *kilju* zu nehmen.

Kilju ist die einfachste und billigste Art, sich einen anzutrinken, und ist deshalb vor allem bei Jugendlichen und Alkoholikern, die keinen Zutritt zu ALKO haben, sehr beliebt. Das Getränk wird hergestellt, indem man warmes Wasser, Zucker und Hefe gründlich miteinander vermischt und die Brühe dann einige Tage lang im Warmen stehen lässt, den Deckel ein wenig offen, damit das bei der alkoholischen Gärung entstehende Kohlendioxid entweichen kann und der Kanister nicht explodiert.

Nach einigen Jahren in Finnland kam ich als lernbegieriger Immigrant nicht umhin, mich einem Selbstversuch mit der recht trüben Substanz zu unterziehen. Tatsächlich wird man davon betrunken, aber über den Geschmack und die Folgen, den der Genuss dieses Getränks auf den Verdauungstrakt hat, möchte ich lieber nichts sagen.

Wie Gott in Finnland? –
Die finnische Küche

»Essen macht satt.«

Finnische Weisheit

Im Prinzip gibt es in Finnland alles, was es woanders auch gibt. Nur die Auswahl ist deutlich schmaler als in mitteleuropäischen und südlichen Ländern, und die Preise sind schockierend, vor allem die Lebensmittelpreise. Zu den ersten Entdeckungen, die man als Finnlandtourist macht, gehört, dass Lebensmittel im Supermarkt und Mahlzeiten im Restaurant das Doppelte kosten. Oder mehr.

Deshalb horten erfahrene Nordlandcamper in ihren Wohnmobilen auch meist einen Vorrat an Grundnahrungsmitteln und Getränken und versuchen, während ihres Urlaubs den Kontakt mit dem finnischen Einzelhandel zu vermeiden. Der Volksmund behauptet, es sei ein Lottogewinn, als Finne geboren zu werden. Nach einem solchen sehnt man sich wirklich, wenn man hier einkaufen muss.

Ein Grund für die ungeheuerlichen Lebensmittelpreise mag neben der saftigen Mehrwertsteuer der Umstand sein, dass in Finnland zu arktischen Produktionskosten stolz eigene Tomaten angebaut werden, von der EU subventioniert, während in Spanien stolz eigene Tomaten vernichtet werden, ebenfalls von der EU subventioniert.

Sicher erklären sich die extremen Lebenshaltungskosten aber hauptsächlich dadurch, dass siebzig Prozent der Versorgung mit Lebensmitteln und Konsumgütern von zwei großen Konzernen beherrscht werden. Und kein Kartellamt der Welt kann die Chefs dieser beiden Konzerne daran hindern, regelmäßig zusammen zum Fischen, zum Golf oder in die Sauna zu gehen.

Im Gemüseregal eines finnischen Supermarktes liegen spanische Gurken neben den einheimischen. Beide schmecken zum Verwechseln ähnlich, nur dass die finnischen locker das Dreifache kosten, jedenfalls im Winter. Dennoch und gerade deshalb greifen viele Verbraucher gern zur teureren Gurke, zu der mit dem blauen Kreuz auf weißem Grund, denn der finnischen Lebensmittelindustrie ist es in jahrzehntelanger Arbeit gelungen, ihren Verbrauchern weiszumachen, dass finnische Lebensmittel zu den reinsten und edelsten der Welt gehören.

Nichts als Schelte

Im Oktober des Jahres 2007 besuchte der schottische Star- und Skandalkoch Gordon Ramsay Finnland. Er machte Werbung für sein soeben erschienenes Kochbuch und sparte während seines Aufenthalts nicht mit vernichtenden Kommentaren über das Essen, das ihm seine finnischen Kollegen stolz servierten. Und auch die selbst ernannten Geschmackshüter Silvio Berlusconi und Jacques Chirac ließen nach je einer kurzen Begegnung mit der hiesigen Kochkunst kein gutes Haar daran.

Leider haben die Kritiker der finnischen Küche mit ihrer Schelte weitgehend recht. Es gibt hier zwar auch gutes Essen, aber wenn man die Preise sieht, vergeht einem eben schnell der Appetit. Nicht nur die Feinschmeckerei, sondern auch eine gewöhnliche Pizza kostet in Finnland im Vergleich zu Mitteleuropa das Doppelte, immerhin bekommt man sie inzwischen an jeder Straßenecke.

Als ich 1986 in der damals nicht gerade weltoffenen Metropole Helsinki ankam, beschränkte sich das Spektrum an internationaler Küche auf zwei oder drei italienische Restaurants, zwei oder drei chinesische und ein türkisches. Ansonsten war man auf finnische Restaurants angewiesen, und die machten ihren Umsatz nicht mit gutem Essen, sondern mit alkoholhaltigen Getränken. Und immer und überall wartete am Salatbuffet (Salat wird in finnischen Familienrestaurants auch heute noch meist an Selbstabholer abgegeben) dieselbe dünnflüssige, sandbraune Sauce auf Senfbasis.

Inzwischen findet man an finnischen Salatbuffets drei, manchmal sogar vier verschiedene Saucen, und auch die Senfsauce gibt es immer noch, sie hat inzwischen Klassikerstatus. Die Zahl der Gastronomiebetriebe in der Hauptstadt und den strukturell schwächeren, noch entlegeneren Gebieten hat sich, seit ich hier bin, vervielfacht, und ich bin stolz drauf, durch unermüdliches auswärts Essen und Trinken meinen bescheidenen Beitrag zu dieser positiven Entwicklung geleistet zu haben.

Seit sich Finnland endgültig für den Westen entschieden hat, haben der abendländische Lebensstil und die ethnische Küche Einzug gehalten. Überall gibt es asiatische Restaurants, Kebabimbisse, Würstchenbuden, Eisstände, Burgerbratereien, Biergärten, Bars, seit den Neunzigerjahren kann man sich in den Städten sogar Pizza nach Hause bringen lassen.

Eine Sache fällt dem regelmäßigen Auswärtsesser in der Hauptstadt auf: Helsinki hat nur eine halbe Million Einwohner, aber über ein Dutzend nepalesische Restaurants, was vermutlich die höchste Konzentration in ganz Europa ist. Und man kann sie alle empfehlen. Das Ergebnis meiner Recherchen ist verblüffend: Sie gehören alle einer einzigen, weitverzweigten Einwandererfamilie.

Bleibe im Norden und nähre dich redlich

Mit wenigen Ausnahmen ist internationales Essen in Finnland also deutlich teurer und weniger delikat als in anderen Ländern. Finnland ist sicher kein Mekka der Gourmet-Szene. Wenn man sich aber an traditionelle Ingredienzien, Gerichte und Rezepte hält, kann man durchaus lohnende kulinarische Abenteuer erleben. Und vielleicht hat die Reinheitspropaganda ja auch teilweise recht: Finnischer Salat wächst wirklich weitab jeder Zivilisation und Industrie und ist bestimmt schadstoffärmer als sein deutscher, biologisch korrekt angebauter, jedoch gestresster Kollege. Und sogar eingefleischte Veganer müssen zugeben, dass das Fleisch von Elchen und Rentieren vermittelst hundertprozentig artgerechter Haltung entsteht und frei von chemischen Zusätzen ist.

Wie wär's mit Rentiermedaillons in Morchel-Sahnesauce an Preiselbeerkompott? Oder mit einem Elchsteak mit Waldkräutern und Wacholderbeeren, auf Tannenzapfen gegrillt? Oder mit einem Lachsfilet mit jungen Kartoffeln und Dill, dazu eine Pfifferlingsuppe? Und zum Abschluss *karpalo*, stocksaure Moosbeeren in ihrer besten Form: als Saft, auf Eis, mit finnischem Wodka.

Wie alles andere in Finnland ist auch die Küche stark von den beiden großen Nachbarn beeinflusst, im Westen von Schweden, im Osten von Russland. Schon das finnische Wort für Brot, *leipä*, ist ein Lehnwort aus dem Russischen. Auf beiden Seiten Finnlands konzentriert man sich aufs Wesentliche:

Möglichst viel Energie soll im Essen stecken, denn wo viel Kalorien verbraucht werden, muss die Kost deftig sein. Kartoffeln sind die Hauptquelle für Kohlehydrate, Fisch, Fleisch und Geflügel sorgen für Proteine. Milchprodukte gehören ebenso zum Alltagsmenü wie Karotten und anderes Gemüse. Vom Salz abgesehen geht die finnische Küche mit Gewürzen sparsam um. Gegessen wird außerdem weitgehend saisonal, man isst dann, wenn die Rohstoffe am besten sind, und passt seine Ernährung zumindest teilweise dem Angebot der Jahreszeit an: Erdbeeren im Sommer, Krebse im August, Pilze später im Herbst.

Jahrein, jahraus und mindestens einmal pro Woche gibt es in den Kantinen der finnischen Streitkräfte (Friedensstärke 16 500 Mann und einige freiwillige Frauen) Erbsensuppe mit geräuchertem Schweinefleisch und Senf. Das hat Tradition: In der schwedischen Armee, die ja in Finnland viele Jahrhunderte lang das Sagen hatte, gab es immer donnerstags Erbsensuppe, denn die Zutaten dafür sind haltbar und leicht zu transportieren. Außerdem war bei den Katholiken der Freitag ein Fasttag, vor dem sich die Krieger noch einmal anständig den Magen vollschlagen durften. Erbsensuppe ist, neben Fleischklößchen und Nudelauflauf, auch eins der meistgehassten Gerichte, die an den in Finnland üblichen Ganztagsschulen ausgeteilt werden.

Wenn Sie auf einer finnischen Speisekarte auf ein Gericht namens *Vorschmack* stoßen, haben Sie es mit einem traditionellen osteuropäisch-jüdischen Essen zu tun. Angeblich war *Vorschmack* die Lieblingsspeise von Marschall C. G. E. Mannerheim, dem Frei- und Feldherrn, der als Oberbefehlshaber die Geschicke des unabhängigen Finnlands in seinen bisherigen Kriegen lenkte. Er soll das Rezept aus Polen eingeschleppt haben. *Vorschmack* wird aus gebratenem Rinder- oder Lammhack, Anchovis oder Hering und Zwiebeln zubereitet, lange im Ofen gewärmt und mit Kartoffelbrei, Salzgurken und

Schnaps serviert. Die Zutaten beim *Vorschmack* sind so fein püriert oder gestückelt, dass man auch ohne Zähne würdig essen kann. Vielleicht war das ja der Grund, warum Mannerheim dieses Gericht so mochte.

Selbstverständlich ist in Finnland auch die Küche zum Gegenstand nationalen Stolzes und internationalen Wettbewerbs geworden. Seit Jahrzehnten versucht man, sich echt finnische Menüs auszudenken, die auch außerhalb der Landesgrenzen Erfolg haben könnten. Dennoch hören die Gaumen der Welt nur selten von finnischen Spitzenköchen. Einer von diesen war der vor Kurzem verstorbene, vielfach preisgekrönte Eero Mäkelä. Er war sozusagen der Chefkoch der Nouvelle Cuisine finlandaise, und nach dem Besten der finnischen Küche gefragt, nannte er unter anderem folgende zwei Speisen:

Leipäjuusto, Brotkäse, ist ein Käse aus dem sogenannten Kolostrum, der Erstmilch, die die Kuh direkt nach dem Wurf eines Kalbes gibt und die besonders wertvolle Nährstoffe enthält. Diese Spezialität kommt aus Kainuu in Nordfinnland, und die Fladen werden gebacken, gegrillt oder flambiert, bis sie dunkelbraune Flecken und die typische Zeichnung bekommen. Der Brotkäse schmeckt frisch und mild, und jedes finnische Kind weiß, dass er beim Abbeißen an den Zähnen quietscht. Man isst ihn meist mit *lakka*, Moltebeeren, auch Torfbeeren genannt. Diese Beeren sehen aus wie Brombeeren in Orange und sind in Mitteleuropa sehr selten. In Österreich und der Schweiz wachsen sie überhaupt nicht, die sehr geringen Vorkommen in Norddeutschland sind streng geschützt. Wer eine Moltebeere sehen möchte, kann dies auf dem finnischen Zweieurostück tun – das Pflänzchen ist ein Wahrzeichen Lapplands.

Das, was man so gern als finnische Küche lancieren möchte, ist streng genommen die Cuisine Lapplands.

Fische und Brote

Wer gern Fisch mag, ist in Finnland ganz gut aufgehoben, es gibt viele gute Speisefische, sowohl in Finnlands Binnengewässern als auch entlang der Ostseeküste. Auf die Speisekarte gelangen hauptsächlich Barsch, Zander und Flunder. Beliebt ist auch die Regenbogenforelle, ein Süßwasserfisch, der 1894 aus Deutschland eingeführt wurde. Weil der Sommer in Finnland kurz und die Entwicklungsperiode für die jungen Forellen nicht lang genug ist, muss man periodisch neue Jungfische aussetzen, um die Nachfrage durch die zahlreichen Freizeitangler zu befriedigen. Früher hieß die Regenbogenforelle auch auf Finnisch so, *sateenkaarirautu*, rainbow trout. Dann aber kam 1965 Staatspräsident Urho Kekkonen auf die Idee, den Fisch nationalromantisch *kirjolohi* zu nennen, Buntlachs. Und weil Kekkonens Wort damals Gesetz war, trägt der Fisch bis heute diesen Namen. Am besten schmeckt er als Filet, mit *Smetana*, der slawischen Version von Crème fraîche, überbacken und mit Pfeffer gewürzt.

Finnisches Brot ist im Gegensatz zum Fisch ein eher trauriges Kapitel. Beim Herstellen von Weiß- und Mischbrot und beim Backen von Brötchen verstehen es finnische Bäcker, alles zu vermeiden, was eventuell Knusprigkeit hervorrufen könnte. Finnische Brötchen werden grundsätzlich in Plastiktüten verkauft und fühlen sich an wie Weichgummibälle.

Traditionelles finnisches Brot ist meist aus Roggenmehl gemacht. Die Faustregel ist: Je dunkler das Brot, desto besser schmeckt es. Ein Klassiker ist das Lochbrot, ein flacher Ring von der Größe eines Frisbees. Auf finnischen Höfen wurden früher an Backtagen viele Brote auf Vorrat hergestellt, und man hängte die fertigen Laibe an eine Holzstange unter die Stubendecke, um sie durch Lufttrocknung haltbar zu machen. Das Brot wurde steinhart, ließ sich lange aufbewahren und sorgte im Winter für Kalorien und gesunde Zähne.

Auch heute noch kann man Lochbrot in jedem finnischen Lebensmittelgeschäft kaufen, getrocknet oder ungetrocknet. Es gibt aber auch kritische Stimmen: Beim Kauen knirscht und knackt dieses Brot im Schädel so laut, das man nichts anderes mehr hören kann, und besonders böse Zungen behaupten, das Loch in der Mitte sei überhaupt das Beste am ganzen Brot.

Spezielle Spezialitäten

Im finnischen Kühlregal findet sich ein reichhaltiges Angebot an Käse und verschiedenen Sauermilchprodukten. Eines davon heißt *viili* und sieht, weil es weiß ist und lange, dünne Fäden zieht, beim Essen recht frivol aus. Optisch ähnlich gewöhnungsbedürftig ist *mämmi*, eine dunkelbraune, süße Malzpaste, die um die Osterzeit in Pappschachteln mit durchsichtigem Deckel verkauft wird. Mit einem Schluck Sahne drauf schmeckt sie ganz gut, aber visuell erinnert die braune Creme nicht an Nahrung, sondern ans Gegenteil.

Interessant sind auch die verschiedenen *laatikot*, wörtlich Kisten, also Aufläufe, die in kistenförmigen Schüsseln gebacken werden. Es gibt die Leberkiste, die Nudelkiste, die Rübenkiste, die Kartoffelkiste und die Möhrenkiste, und die drei letztgenannten gehören unabänderlich zum traditionellen finnischen Weihnachtsschmaus. Auch ein ansehnlicher Schinken darf auf keinen Fall fehlen, und dazu gibt es *rosolli*, einen bunten Salat aus gewürfelten Kartoffeln, Zwiebeln, Salzgurken, eingelegten Roten Beten und Heringen. Auch Pfefferkuchen, *piparkakut*, sind integraler Bestandteil der kulinarischen Weihnachtsstimmung, und wer seine Kinder liebt, der bastelt mit ihnen gar ein ganzes Pfefferkuchenhaus.

Als ihre Nationalfrucht bezeichnen Finnen die *lenkkimakkara*, einen Fleischwurstring, der in durchsichtiges Plastik eingeschweißt ist, so gut wie kein echtes Fleisch enthält und deshalb auch von Vegetariern guten Gewissens gegessen werden kann. Die appetitliche Verpackung dieser Wurst wurde vor Kurzem zum hässlichsten Produktdesign Finnlands erkoren.

In Reiseführern werden immer zwei Gerichte aus Nord-Savolax und Karelien erwähnt, der *kalakukko*, der sogenannte Fischhahn, und die karelische Pirogge. Der Fischhahn wurde im Juli 2002 als echtes EU-Traditionsprodukt registriert und ist ein großer Laib aus Roggenteig, in den Schweinefleisch und kleine Fische aus einem der zahlreichen Seen eingebacken werden. Und das im Steinofen, fünf bis sieben Stunden lang, je nach Größe des Klumpen. Die Hauptbestandteile der *karjalanpiirakka*, der karelischen Pirogge, sind Roggenmehl und Wasser für die Hülle, während die Füllung meist aus leicht gesalzenem Milchreis besteht, seltener auch aus Kartoffel- oder Möhrenbrei. Dazu gibt es eine cholesterinreiche Creme aus Butter und gekochten Eiern. Karelische Piroggen kommen ursprünglich vom Ladogasee in Finnisch-Karelien (jetzt Russland), sind heute jedoch in ganz Finnland weit verbreitet.

Finnen lieben Süßigkeiten und konsumieren Unmengen davon, denn auch Zucker schützt ein bisschen vor der langen Dunkelheit und Kälte. Einen besonderen Platz im Herzen der Nation hat alles, was Salmiak enthält. Wenn Sie einem im Ausland lebenden Finnen etwas mitbringen möchten, kaufen Sie eine kleine Auswahl von *salmiakkipastillit* an irgendeinem Kiosk hierzulande. Sie werden damit bei ihrem finnischen Bekannten tief empfundene Dankbarkeit und vehementes Heimweh auslösen. Es hat sich hier im Norden nämlich noch nicht herumgesprochen, dass Salmiak aus Ammoniak und Salzsäure besteht.

Obwohl mit arktischem Klima geschlagen, sind die Finnen fleißige Speiseeisesser, und sie hören auch im Winter nicht damit auf. Wenn man als Ausländer draußen bei minus achtzehn Grad Celsius die vertraute Melodie des rund ums Jahr wöchentlich patrouillierenden Eiscremeautos hört, kommt man sich vor wie auf einem fremden Planeten.

Bitte kein Pilsner!

Finnisches Bier schmeckt, von der Marke unabhängig, leider immer recht schlapp. Wenn jemand in Finnland ein Bier bestellt, dann erwartet er oder sie, dass das Glas schnell gefüllt wird und dass die Menge stimmt. Es gibt keine Mythen wie etwa die berühmten sieben Minuten, die das Einschenken eines Pils dauern sollte. Wer ein Bier ohne Schaumkrone vorgesetzt bekommt, dankt zufrieden, schließlich zahlt man ja nicht für den Schaum, sondern für die Flüssigkeit, und wenn das Bier schon ab Zapfhahn leicht abgestanden serviert wird, kann man ohne Behinderungen sofort einen großen Schluck nehmen.

Das Wort Pilsner bezeichnet in Finnland übrigens nicht ein Bier, das nach Pilsner Art gebraut wurde, sondern ein sogenanntes Einserbier, ein Bier mit einem Alkoholgehalt von maximal 2,8 Prozent. Also: Wenn auf einer Bierflasche Pilsner steht – Finger weg.

Schon mal vom finnischen Wein gehört? Kein Wunder, denn es gibt ihn nicht. Hier wachsen keine Trauben, aber es gibt einige rühmliche Versuche, aus einheimischen Beeren Wein zu machen. Einen trockenen Beerenschaumwein namens *Elysee,* der aus weißen Johannisbeeren hergestellt wird, haben vor zwanzig Jahren sogar meine deutschen Hochzeitsgäste getrunken, ohne etwas zu merken. Jedenfalls ohne etwas am Geschmack zu bemerken.

Noch ein Tässchen?

Es gibt ein Genussmittel, bei dessen Verbrauch Finnland mit großem Vorsprung die EU-Statistik anführt: Kaffee. Der EU-Durchschnittsverbraucher konsumierte im Jahr 2006 pro Nase 5,0 Kilogramm Rohkaffee. Italien und Frankreich, die als traditionelle Kaffeekulturen gelten, liegen mit 5,7 und 5,16 kg nahe an diesem Wert, Deutschland mit 6,64 kg schon etwas darüber – aber Finnland führt die Tabelle mit großem Vorsprung an, mit einem jährlichen Kaffeeverbrauch von sage und schreibe 11,92 kg pro Einwohner.

Überraschend und zugleich doch logisch. In einem Land, in dem es im Winter nicht hell und im Sommer nicht dunkel wird, braucht man eben etwas größere Mengen Koffein, um wach zu bleiben.

Und dann gibt es die finnische Gastfreundschaft, deren Einstiegsritual immer und überall eine Tasse Kaffee ist. In diesem Land geschieht nichts ohne Kaffee. Ob erster Flirt, Hochzeit, Taufe, Schulabschlussfeier, Beerdigung oder Testamentseröffnung – immer und überall gehört Kaffee dazu. Während der ersten Jahre in Finnland wunderte ich mich über eine bestimmte Art von Annoncen in Finnlands Tageszeitungen, dauernd war da die Rede vom »Nachmittagskaffee« in charmanter Gesellschaft. Ein Freund klärte mich schließlich darüber auf, dass Werbung für Prostitution verboten und der Nachmittagskaffee Synonym für ein gebührenpflichtiges Schäferstündchen sei.

Der normale finnische Kaffee ist ziemlich schwachbrüstig, und um auf einen so hohen Pro-Kopf-Konsum an Rohkaffee zu kommen, müssen also nicht doppelt, sondern dreimal so viele Tassen getrunken werden wie von anderen Nationen.

Zum Kaffee reichen Finnin und Finne Backwerk. Etwa Heidelbeerkuchen oder *pulla*, ein Hefegebäck, das mit Kardamom gewürzt und mit grobem Zucker bestreut ist. Oder aber sogenannte Runeberg-Törtchen, kleine, aber feine, mit Rum und Arrak gewürzte Kalorienbomben, die ihren Namen zu Ehren von Fredrika Runeberg, der backenden Gattin des gleichnamigen finnischen Nationaldichters, tragen und um seinen Geburtstag am 5. Februar in Umlauf sind. Das ganze Jahr über kann es geschehen, dass der Gast zum Kaffee eine ofenfrische Ohrfeige kriegt, ein *korvapuusti* – eine süße Butterschnecke mit Zimt.

Kaugummi statt Zähneputzen

Zugegeben, die finnische Küche ist nicht gerade ein Exportschlager, aber es gibt ein Produkt, das auch außerhalb der Landesgrenzen gern verkostet wird und zu einem internationalen Business geworden ist, nämlich ein Stoff namens Xylitol. Hierbei handelt es sich um einen Zuckeralkohol, der unter anderem aus Mais und Holz gewonnen werden kann. Xylitol schmeckt wie gewöhnlicher Zucker, hat aber weniger Kalorien und wirkt sich nicht auf den Insulinspiegel aus. Man kann es deshalb zum sicheren Süßen aller Speisen verwenden. Allerdings eignet sich Xylitol nicht nur für Diabetiker, sondern hat noch weitere überraschende Qualitäten: Das Wundermittel heilt Karies, anstatt sie zu verursachen!

Das zahnmedizinische Institut der Universität Turku extrahierte in den Siebzigerjahren erstmals Xylitol aus Birkenholz, und als klinische Tests die Potenz der Substanz bewiesen, begann man schnurstracks, sie industriell herzustellen. Inzwischen ist es in Finnland schier unmöglich, noch Kaugummi mit normalem Zucker zu finden, das ganze Volk kaut seine Wundergummis, und auch im Ausland verbreitet sich Xylitol immer mehr. Aber Vorsicht – keine Rose ohne Dornen: In übergroßen Dosen verursacht Xylitol Flatulenzen.

Sport- und andere Abarten –
Der Ertüchtigungswahn der Finnen

Wenn man in zehn beliebigen Staaten der Welt Passanten befragen würde: »Was glauben Sie, wie viele Einwohner hat Finnland?«, dann läge der geschätzte Durchschnitt sicher bei zwanzig Millionen oder sogar noch höher. In Wahrheit sind es nur etwas mehr als fünf Millionen. Finnlands Image ist psychologisch so präsent, dass man das Land leicht überschätzt. Einer der Hauptgründe dafür ist, dass die finnische Fahne bei internationalen Sportwettkämpfen erstaunlich oft und in erstaunlich vielen verschiedenen Disziplinen bei der Siegerehrung zu sehen ist.

Für eine kleine, ambitionierte Nation ist es unerhört wichtig, in der internationalen Arena präsent zu sein. Jeder Finne kennt den Ausdruck »Finnland auf die Weltkarte bringen« – gemeint ist damit die vom Volk gefühlte und von Staat und Medien postulierte Notwendigkeit, den Rest der Welt an die Existenz Finnlands zu erinnern. Hierfür sind außer Heavy-Metal-Bands und Mobiltelefonen vor allem finnische Sportlerinnen und Sportler zuständig.

Sport heißt Sport, auf Russisch, Französisch, Deutsch, Englisch und Italienisch. Auf Finnisch aber heißt er *urheilu*, ein Wort, das eng verwandt ist mit Heldentum, Mut und Tapferkeit. Dementsprechend ernst nimmt man in Finnland seinen Sport und seine Sportler. Olympiasieger oder Weltmeister bekommen außer – für finnische Verhältnisse lukrativen – Sponsorverträgen auch oft zudem von ihrer Heimatgemeinde ein ansehnliches Baugrundstück an einem See geschenkt, und ein Denkmal vor dem örtlichen Einkaufszentrum hat eine Athletin oder ein Athlet, die oder der sich ums Vaterland verdient gemacht hat, allemal verdient. So gibt es beispielsweise in Martinlaakso, ein paar Kilometer nördlich von Helsinki, den Mika-Häkkinen-Platz samt Denkmal, allerdings sind beide derart unscheinbar, dass ausländische Drehteams manchmal lange danach suchen müssen.

Auf Kufen, Skiern und Klappstühlen

Aus naheliegenden Gründen sind die Finnen bei Wintersportarten stark vertreten. Es gibt in diesem Land so gut wie niemanden, der nicht Schlittschuhlaufen kann. Sich souverän auf Kufen zu bewegen ist eine Routineübung in jeder Unterstufe. Was Sport angeht, sind die Finnen genauso monarchistisch wie die Deutschen: Nur heißt der König hier nicht Fußball, sondern Eishockey. Was dem Deutschen die Fußballbundesliga, ist dem Finnen die SM-Liga, der jährliche Kampf um die nationale Eishockeymeisterschaft. Dieses schnelle und so herrlich harte Spiel erhitzt die finnischen Gemüter mehr als jedes andere, und bei einem Endspiel in einer Kneipe vor der Großleinwand für die falsche Mannschaft zu krakeelen, kann gefährlich werden.

Finnische Eishockeyspieler sind ein beliebter Exportartikel, man findet sie in der nordamerikanischen NHL und überall in Europa. Für einen ausländischen Club zu spielen, ist der

Traum vieler finnischer Nachwuchsspieler, denn im Gegensatz zur einheimischen Liga verdient man im Ausland richtig viel Geld – und muss weniger Steuern bezahlen.

In einem Land, dessen höchster Berg gerade mal 1324 Meter hoch ist (der Halti in Lappland an der Grenze zu Norwegen) und das mit Schnee reich gesegnet ist, ist Skilanglauf nicht nur eine Sportart, sondern schlicht eine praktische Art, sich im Winter über größere Distanzen fortzubewegen. Und beim Biathlon erlegte man zwischendurch eben noch schnell einen Fuchs oder ein Wiesel. Als erfolgreiche Vertreter des finnischen Langlaufs seien hier drei Frauen genannt: Aino-Kaisa Saarinen, Virpi Kuitunen und Pirjo Manninen.

Für Langläufer, die einfach nicht genug kriegen können, gibt es in Finnland ein halbes Dutzend Skitunnels, in denen man auch im Sommer, während draußen die Vögel zwitschern und der Raps blüht, seine anderthalb Kilometer in die eine oder in die andere Richtung gleiten kann, bei künstlichem Licht und künstlicher Kälte. In einem Land, wo sowieso mindestens sechs Monate im Jahr Schnee liegt, ist so etwas ähnlich surrealistisch wie das Skizentrum in der Wüste von Dubai.

Wer es im Skispringen zu etwas bringen will, muss angeblich schon als Kleinkind damit beginnen, genauer gesagt als kleiner Junge, denn bei aller Parität gibt es in Finnland noch keine Skispringerinnen. Erwachsene würden sich nie im Leben trauen, eine Sprungschanze auf Skiern herunterzufahren, an den Nervenkitzel muss man sich langsam, aber sicher herantasten, so sagen die Eingefleischten.

Zu denen gehört der vielfache Olympiasieger Matti Nykänen. Obwohl seit seinen goldenen Zeiten an der Schanze schon mehr als zwei Jahrzehnte vergangen sind, gelingt es ihm immer noch, regelmäßig Schlagzeilen zu machen. Nach Beendigung seiner aktiven Karriere versuchte er sich unter anderem als Schlagersänger und als Stripper, brachte es aber in diesen Disziplinen nicht annähernd so weit wie im Skispringen.

Frustriert wandte sich Nykänen seinem eigentlichen Hobby zu, dem Trinken, und seitdem ist die finnische Regenbogenpresse quasi nonstop mit seiner sozialen Entwicklung beschäftigt. Mehrfach saß Matti wegen Gewaltdelikten im Gefängnis, so stach er beispielsweise beim Kartenspielen mit einem Messer auf einen Freund ein. Zurzeit ist der ehemalige Skispringer auf freiem Fuß und sehr mit seinen zwischenmenschlichen Beziehungen beschäftigt. Zusammen mit seiner derzeitigen Ehefrau Mervi hat er gerade den vierzehnten Scheidungsantrag zurückgezogen. Matti Nykänen mag zwar ein tragischer Held sein, aber er hat auch den typisch finnischen Blick aufs Leben. Der finnische Volksmund verdankt ihm viele unsterbliche Aphorismen, wie etwa den Spruch »Das Leben ist die beste Zeit des Menschen«. Sein bewegte Biografie wurde in dem Spielfilm *Matti* mit Jasper Pääkkönen in der Hauptrolle verfilmt. Dem echten Matti hat der Film angeblich gefallen.

Auch der Skispringer, der bisher die meisten Podestplätze in der Geschichte dieser Sportart errungen hat, ist ein Finne. Janne Ahonen war mehr als hundert Mal auf Platz eins, zwei oder drei. In seiner Freizeit widmet er sich zur Entspannung dem Drag-Racing, dem Beschleunigungsrennen. Von der finnischen Sportschau gefragt, warum er sich ausgerechnet diesen beiden Disziplinen verschrieben habe, sagte er mit einem Achselzucken: »Ich mag's halt gern so schnell wie möglich und immer geradeaus!«

In den letzten Jahren hat sich unter finnischen Ober- und Mittelschichtlern das Golfen epidemisch verbreitet. Eine der schönsten Eigenschaften dieser Sportart besteht bekanntlich darin, dass sie international ist und dass man eine gediegene Armbanduhr braucht, um mit den verschiedenen Zeitzonen nicht durcheinanderzukommen. In Finnland und Schweden gibt es einen Golfplatz, auf dem man genau dies genießen kann, und zwar zwischen zwei Löchern: In Tornio beziehungsweise Torneå, am nördlichsten Zipfel des Bottnischen

Meerbusens, liegt der meines Wissens einzige Golfplatz, der in zwei Staaten und zwei Zeitzonen liegt.

Im Winter fischt der Finne gern am Eisloch. Da kann man lange unbeweglich herumsitzen in freier Natur, den Flachmann, den man zu Weihnachten bekommen hat, zum Einsatz bringen und in Ruhe seinen eigenen Gedanken zuhören, denn allein inmitten eines der 188 000 Seen wird man garantiert nicht vollgequatscht.

Zuerst braucht man einen Bohrer, eine sogenannte *kaira*. Sieht aus wie ein Korkenzieher für eine fünf Meter große Weinflasche, gibt's in jedem gut sortierten Warenhaus zu kaufen. Damit bohrt man sich an der richtigen Stelle ein Loch in den See, schlägt sein Campingstühlchen auf und beginnt zu fischen. Bekanntlich entsteht eine Sportart, wenn irgendwelche Leute irgendetwas um die Wette tun und sich dabei furchtbar ernst nehmen. Und so ist es wenig überraschend, dass auch das Eislochfischen in nationalen und regionalen Verbänden und Clubs organisiert ist und regelmäßig Meisterschaften ausgetragen werden. Schön sieht das aus, wenn mehrere Hundert mollig angezogene Männer mit Pudelmützen auf einem schneeweißen See sitzen und geduldig ihr Stöckchen übers Loch halten.

Wenn das Eis im Frühjahr dünner wird, mutiert der geruhsame Freizeitspaß langsam, aber sicher zum Nervenkitzel: Ende März, Anfang April tauchen in den vermischten Zeitungsmeldungen immer die ersten ertrunkenen Eislochfischer auf.

Die Einsamkeit des Langstreckenläufers

Eishockey macht zwar den größten Umsatz und lässt die Volksseele am heißesten kochen, aber als ihr Nationalspiel bezeichnen die Finnen nicht Eishockey, sondern ein Sommerspiel namens *pesäpallo*, das deutlich dem amerikanischen Baseball nachempfunden ist. Das Spiel wurde vor etwa hundert Jahren von dem finnischen Sportfunktionär Lauri »Tahko« Pihkala entwickelt, der die Baseballregeln »lokalisierte«, d. h. für finnische Verhältnisse etwas vereinfachte.

Dieser Herr Pihkala war selbst ein fanatischer Leistungssportler, der sich in jeder freien Minute stählte und finnische Rekorde im Sprinten, Hochsprung, Stabhochsprung und Kugelstoßen hielt. Er gilt als der Großvater des finnischen Volkssports, da er sich im Laufe seines langen Lebens nicht nur um seine eigene körperliche Ertüchtigung verdient machte, sondern um die des ganzen Volkes: Er dachte sich neue Spiele aus, begründete Sportlehrstätten und Wettkämpfe und führte an Schulen die Skiferien ein, wofür ihm finnische Jugendliche heute sicherlich dankbar wären, wenn sie seinen Namen noch kennen würden. Leider war Pihkala nicht aus humanistischen Gründen an der Volksgesundheit interessiert, sondern eher aufgrund von Eugenik und Rassenlehre. Sein Standbild neben dem Olympiastadion in Helsinki zeigt ihn beim Orientierungslauf, einer seiner Lieblingsdisziplinen, die sich ursprünglich aus einer militärischen Notwendigkeit entwickelt hatte und sich erst seit den Sechzigerjahren zu einer international renommierten Sportart gemausert hat.

Besonders lieben die Finnen Leichtathletik, und zwar vor allem das Laufen. Auf die Legende Paavo Nurmi ist man heute noch stolz, und einer der ekstatischen Momente der finnischen Sportgeschichte war der Zehntausendmeterlauf bei der Olympiade 1972 in München, bei dem Lasse Virén stürzte, sich wieder aufrappelte und die Ziellinie am Schluss nicht nur als Olympiasieger, sondern mit einem neuen Weltrekord überquerte.

Aber nicht nur Nurmi und Virén kannten die unerbittliche Kraft, die den Langstreckenläufer vorantreibt: Das finnische Magazin *juoksija* (Läufer) veröffentlichte eine Studie, laut derer im Jahr 2007 sage und schreibe 13 460 Finnen einen Marathonlauf absolviert haben, 9950 Männer und 3510 Frauen. Dazu kommen dann noch knapp zwanzigtausend, die einen halben Marathon absolvierten.

Zum finnischen Selbstbild und -gefühl gehört als zentraler Begriff das Wörtchen *sisu*, das man am besten mit Zähigkeit, Widerstandsfähigkeit oder Stehvermögen übersetzt. Jeder kennt das Wort, und ganz Finnland ist davon überzeugt, dass in jeder Finnin und jedem Finnen eine geheimnisvolle Kraft schlummert, die einen bei Bedarf dazu befähigt, auch mit dem Nötigsten auszukommen und selbst die widrigsten Bedingungen zu überleben. Sisu heißt: Wir halten alles aus. Vielleicht treibt sisu ja viele Finnen dazu, an einem Sonntagnachmittag im Schneesturm bei minus fünfundzwanzig Grad mal eben fünfzig Kilometer Langlauf zu machen. Wissenschaftlich nachprüfbar ist die Existenz des sisu nicht, aber vielleicht entsteht er ja eben dadurch, dass man an ihn glaubt. Auf jeden Fall haben die Finnen vorsichtshalber eine Nutzfahrzeugfirma und eine Halspastillenmarke sogenannt.

Mehr als eine Million Finnen sind Mitglied eines Sportvereins. Mindestens doppelt so viele aber kümmern sich ohne Verein um ihre Kondition. Überall in Finnland gibt es Fitnesspfade, Fitnesscenter, Aerobicstunden, Loipen, Sportplätze, Eisstadien – sich regelmäßig körperlich auszureizen gehört einfach dazu. Auch der gegenwärtige Außenminister Alexander Stubb treibt in seiner knappen Freizeit Sport. Seine Disziplin ist Triathlon, und er macht einen geradezu unheimlich gesunden Eindruck.

Wer es nicht ganz so hart braucht, versucht es mit Nordic Walking. Die Idee ist nicht neu und kommt nicht aus Finnland. Schon in den Dreißigerjahren des letzten Jahrhunderts gab es in Deutschland den Stockgang oder Stocklauf, mit dem Langläufer im Sommer ihre Arme trainierten. Aus Finnland allerdings kam 1997 die Idee, spezielle Stöcke für diese Art der körperlichen Ertüchtigung zu designen und das ganze als neue, eigene Trendsportart zu lancieren. Inzwischen sind menschliche Vierbeiner ein global verbreiteter Anblick, und die finnische Firma, die damals mit der Produktion der Kevlarstöcke begann, hat satt verdient. Und man hat sich an den Anblick der »Demenzlangläufer«, wie man sie hierzulande nennt, gewöhnen müssen.

Angst vor der eigenen Courage

Finnische Sportler fühlen sich am wohlsten, wenn sie allein gegen sich selbst oder gegen den Rest der Welt kämpfen dürfen. Dem Tod und der internationalen Konkurrenz allein für sich am Steuer eines Kraftfahrzeugs oder auf Skiern zu trotzen, passt mit der Überlebenskünstlermentalität der Finnen zusammen. Mit einem unheimlichen Leuchten in den Augen weiterzumachen, wo jeder normale Mensch aufgeben würde, entspricht dem Selbstverständnis der Nation.

Wenn es hingegen darum geht, als Gruppe blitzschnell flexible, komplexe, dynamische Lösungen zu entwickeln, sprich mit anderen zusammenzuspielen, stößt das finnische Temperament oft an seine Grenzen.

Bei einem Spiel des Fußballclubs des finnischen Schriftstellerverbandes, dem FC kynä (kynä = Schreibstift), das live zu verfolgen ich vor ein paar Jahren das Vergnügen hatte, brüllte der Mannschaftskapitän der Schriftstellerelf dauernd »Sprecht miteinander!« übers Spielfeld. Was er damit meinte, war, dass die Spieler miteinander kommunizieren sollten, anstatt autistisch jeder für sich dem Ball nachzurennen.

Ganz deutlich lässt sich bei finnischen Mannschaftssportarten der psychologische Anteil am Erfolg oder Misserfolg einer Mannschaft erkennen. Die Faustregel ist: Egal um welches Spiel es sich handelt, wenn eine finnische Mannschaft in

Führung liegt, wird es den Spielern unheimlich. Ihnen gleitet plötzlich ein »Häschen ins Höschen«, so der finnische Ausdruck für »Schiss kriegen«. Das Selbstvertrauen der Truppe verpufft, und der Gegner schlägt zu.

Ein historisches Beispiel für dieses in Finnland leider allzu bekannte Phänomen ist das Viertelfinalspiel gegen den Lieblings- und Angstgegner Schweden bei der Eishockey-WM 2003. Finnland lag mit fünf zu eins in Führung, und das Volk bog sich vor Stolz. Eine halbe Stunde später war das Gegröle in Finnlands Kneipen verstummt: Schweden gewann am Ende mit sechs zu fünf, und für das Gastgeberland Finnland war die Weltmeisterschaft zu Ende. In der ohnehin bestürzenden finnischen Selbstmordstatistik war nach diesem Spiel gar noch eine Spitze zu verzeichnen.

Ein schlimmes Trauma haben die Finnen, wenn es um Fußball geht. Soweit ich weiß, ist es Finnland noch kein einziges Mal gelungen, sich für die Fußball-WM zu qualifizieren, dabei würden viele Finnen alles dafür geben, wenn ihr Land einmal wenigstens mitmachen dürfte. Wenn man allerdings die klimatischen Voraussetzungen für das Entstehen einer finnischen Fußballkultur bedenkt und die Tatsache, dass der Deutsche Fußballbund mehr Mitglieder hat als Finnland Einwohner, dann muss man schon staunen, dass Finnland gegen Deutschland so oft unentschieden spielt.

Vollgas voraus

Finnland hat eine verblüffende Anzahl international erfolgreicher Motorsportler hervorgebracht, vor allem Rallye- und Formel-1-Piloten. Tommi Mäkinen, Kimi Räikkönen, Marcus Grönholm, Heikki Kovalainen und Mika Kallio (Letzterer auf dem Motorrad) gehören zu den schnellsten Jungs der Welt, Mika Häkkinen war jahrelang der Einzige, der es mit Michael

Schumacher aufnehmen konnte. Schlaue Köpfe haben sich viele Gedanken darüber gemacht, worauf der unproportional große finnische Erfolg am Steuer zurückzuführen sein mag.

Teilweise lässt er sich wohl durch die finnische Mentalität erklären. Um mit zusammengebissenen Zähnen todesverachtend mit hundertachtzig Sachen durch einen stillen, naturschönen Wald zu brettern, bedarf es einer gewissen charakterlichen Veranlagung, die den meisten finnischen Männern bereits in die Wiege gelegt wird. Eine andere Erklärung liegt in den schier grenzenlosen Trainingsmöglichkeiten, die das Land bietet. Wo sonst gibt es noch Tausende Kilometer ungeteerte Land- und Waldstraßen, auf denen man nach Herzenslust und ohne Gegenverkehr das Gaspedal durchdrücken kann?

Auch das Beobachten des normalen Straßenverkehrs hilft, den Erfolg der Finnen in der internationalen Motorsportarena zu verstehen. Finnen konzentrieren sich aufs Wesentliche, auch beim Autofahren. Der Blinker etwa wird hier nur in äußersten Notfällen benutzt. Das spart Energie, erhöht die Lebensdauer der Lämpchen und macht das Fahrerlebnis für alle Verkehrsteilnehmer ein kleines bisschen spannender. Wenn man an einer Kreuzung wartet, kann man sich die Zeit damit vertreiben, zu raten, ob das Auto vor einem nach links oder rechts abbiegen oder geradeaus weiterfahren wird.

Fußgänger (jene bedauernswerten Verlierertypen, die sich kein Auto leisten können) bleiben an roten Ampeln fast immer stehen, auch bei minus dreißig Grad und selbst wenn bis zum Horizont kein Auto in Sicht ist. Für finnische Autofahrer hingegen bedeutet eine rote Ampel lediglich, dass man sich beim Überqueren der Kreuzung etwas beeilen muss. Wenn man selbst bei Rot weiterfährt und vorsichtshalber in den Spiegel sieht, kommen immer noch zwei oder drei Autos hinterher.

Wichtig ist, dass Schweden verliert

Seit 1925 treten einmal im Jahr Schweden, der ehemalige Kolonialherr, und Finnland, die ehemalige Ostprovinz, zum leichtathletischen Wettkampf gegeneinander an, immer abwechselnd in einem der beiden Länder. Beide bieten ihre besten Sportler auf, Männer und Frauen messen in zweiundzwanzig verschiedenen Disziplinen ihre Kräfte miteinander. Gesiegt wird als Land und per Geschlecht: Manchmal gewinnen die finnischen Männer und die schwedischen Frauen oder umgekehrt, manchmal kann ein Land beide Geschlechtersiege auf sich vereinen.

Dieses Turnier ist weltweit der einzige sportliche Länderzweikampf auf so hohem Niveau. Bezeichnend für das Verhältnis von Finnland und Schweden ist das offizielle finnische Motto des Turniers: »Wichtig ist nicht, dass wir gewinnen, wichtig ist, dass Schweden verliert.«

Noch wichtiger waren für die Finnen die 13. Olympischen Sommerspiele, die in Helsinki ausgetragen wurden. Eigentlich hätte die Olympiade schon 1940 stattfinden sollen, war aber wegen einer Force majeure, nämlich wegen des Winterkriegs gegen die UdSSR ausgefallen. 1952 war es dann so weit – noch nie hatte das olympische Komitee die Spiele an ein so kleines Land vergeben, und Finnland tat alles, was in seiner Kraft lag, um das Ereignis zu einem internationalen Schaufenster für sich selbst zu machen.

Das gelang auch: Diese ersten und bisher einzigen Spiele in Finnland werden auch manchmal als »letzte echte Olympiade« bezeichnet, denn es waren die letzten, die noch im Geist des antiken Vorbilds stattfanden, ohne überbordenden Medien- und Sponsorkommerz, ohne Dopingskandale, ohne Terroranschläge und ohne Boykotte.

Kugelgrill und Kurbelweitwurf

Kulturelle Querschläge wie die Leningrad Cowboys, die Filme von Aki Kaurismäki oder Lordi haben den Finnen demonstriert, dass es sich lohnt, dann und wann verrückt zu werden. Das ist gut für die Seele, fürs Image und für den Fremdenverkehr. Und so übertrumpft man sich seit einigen Jahren im Erfinden und Veranstalten schräger Wettbewerbe, die selbstverständlich sofort zur Weltmeisterschaft deklariert werden, einfach weil niemand sonst diese seltsamen Sportarten ausübt.

Zu dieser Sparte zählt eindeutig das Sommer-Eislochfischen. Die Idee entstand vor knapp zwanzig Jahren, und die Zahl der Aficionados steigt: Bei den finnischen Meisterschaften im Sommer 2008 waren es schon 250 Kontrahenten, die gegeneinander antraten. Man brachte sie mit Ruderbooten auf den See, wo sie dann stundenlang auf parkplatzgroßen Styroporplatten ausharrten und durch ein Loch in der Mitte fischten. Leider konnte am Schluss der dritte Preis nicht vergeben werden, weil während des gesamten sommerlichen Wettkampftages nur zwei Fische angebissen hatten.

In Sonkajärvi, etwa in der geografischen Mitte Finnlands, wird seit 1992 jährlich die Weltmeisterschaft im Weibertragen veranstaltet. Dabei geht es darum, dass der Mann seine Partnerin schultert und so schnell wie möglich über einen 253,5 Meter langen Hinderniskurs trägt. Zu diesem Kurs gehören unter anderem zwei Zäune, über die man klettern muss, und ein Wassergraben. Das Mindestgewicht der weiblichen Last beträgt 49 Kilogramm, und das Siegerpaar erhält als Preis das Lebendgewicht der Dame in Bier. Im Jahr 2009 nahmen Paare aus zwölf Ländern teil, durstige Sportlerinnen und Sportler waren selbst aus Australien, Japan und den USA angereist. In den Vereinigten Staaten und in England erfreut sich das Weibertragen inzwischen so großer Beliebtheit, dass es bereits Vorausscheidungen gibt. Eine örtliche Legende aus dem 18. Jahrhundert erklärt, wie die Sportart entstanden sein könnte: Der kaltblütige Bandit Rosvo Ronkainen (Rosvo bedeutet Räuber) pflegte damals Frauen mit der Huckepack-Methode aus den umliegenden Dörfern zu entführen, um sich an ihnen zu vergehen. Insofern ist das Weibertragen feministisch gesehen nicht gerade korrekt.

Bei den Weltmeisterschaften im Luftgitarrespielen in Oulu an der Westküste besteht die sportliche Leistung darin, ein berühmtes Gitarrensolo möglichst ausdrucksvoll nachzuspielen, ohne Gitarre. Deshalb gilt die Sportart auch als besonders ökologisch. Nationale Meister aus mehr als zwanzig Staaten reisen jährlich nach Oulu, um ihre Kräfte zu messen.

Dann gibt es die Meisterschaften im Heulen (nicht im Sinne von Weinen, sondern wie ein Wolf bei Vollmond), es gibt Meisterschaften im Sumpffußball, bei dem man bis zur Hüfte im Schlamm versinkt, es gibt Meisterschaften im Beerenpflücken, Pilzesammeln, Mückentotschlagen, es gibt die Balkon-Kugelgrillmeisterschaft, wer will, kann mit anderen nackt um die Wette in einem Ameisenhaufen sitzen, und auch das traditionelle Wettsaunen steht natürlich sehr weit oben auf der Liste der sportlichen Wettbewerbe. Die WM im Jahr 2010 hatte allerdings ein tragisches Ende – einer der beiden letzten Schwitzenden verstarb, der andere überlebte nur knapp nach wochenlangem Koma.

Vor allem aber wird geworfen, und zwar so ziemlich alles, was man werfen kann: Im südkarelischen Savitaipale kann man die Weltmeisterschaft im Grashalmwerfen verfolgen, eine halbe Autostunde weiter nördlich in der Stadt Varkaus (wörtlich übersetzt: Diebstahl) findet jährlich die nationale Meisterschaft im Melkschemelwerfen statt. Die Tradition entstand angeblich, als eine wütende finnische Bäuerin mit dem Melkschemel nach ihrem Knecht schmiss.

Beim Gummistiefelweitwurf, der sich unaufhaltsam auf dem ganzen Globus verbreitet, sind strenge Regeln zu beachten. Es spielt zwar keine Rolle, ob der linke oder der rechte Stiefel fliegt, aber die Größe muss stimmen – der offizielle Wettkampfstiefel hat für Männer Größe 43, für Frauen zierlichere 38. Die Wurzeln dieser Sportart liegen im Dunkel der Geschichte, vermutlich aber erblickten eines Tages zwei betrunkene Finnen vor der Sauna einen alten Gummistiefel und kamen aus Langeweile auf die Idee, diesen um die Wette zu werfen. Die erste Weltmeisterschaft im Gummistiefelweitwurf fand 1992 in Finnland statt, und inzwischen frönen Tausende von Enthusiasten diesem Sport. Sogar einen internationalen Dachverband gibt es mittlerweile, die IBTA, die *International Boot Throwing Association*, und die Disziplin unterliegt strengsten Dopingkontrollen; Gummistiefelwerfer müssen regelmäßige Urinproben abgeben.

»Die Kurbel wegschmeißen« ist im Finnischen ein Synonym für »den Löffel abgeben, übern Jordan gehen, in die Kiste springen«. Und aus diesem makabren Grund gibt es in Nordkarelien jährlich die Weltmeisterschaft im Kurbelwegschmeißen. Den begehrten Titel gewinnt, wer eine 1460 Gramm schwere Traktorkurbel am weitesten wirft. Wichtig: Niemals die Kurbel des eigenen Traktors benutzen, wer das tut, wird mit einer lebenslangen Sperre für diese tiefsinnige Sportart belegt. Der finnische Humor ist zwar schwarz, aber so viel Vorsicht muss dann eben doch sein.

Eigentlich kann es nach all dem nicht verwundern, wenn man erfährt, dass 2009 der ehemalige chinesische Weltrekord im Dauerkaraoke von lahmen 214 auf stolze 446 Stunden verbessert wurde, und zwar von Finnen im Städtchen Kouvola, das seither im Guinnessbuch der Rekorde erwähnt wird.

Hart im Nehmen sind sie, die Finnen. Raten Sie mal, wer 2008 den Mannschaftswettbewerb bei den Weltmeisterschaften im Luftanhalten gewann. Richtig, die Finnen. Jedes Mitglied der dreiköpfigen Nationalmannschaft konnte die Luft für mindestens sieben Minuten anhalten. Alle haben überlebt.

Humor ist, wenn man trotzdem nicht lacht

Eine finnische Meisterschaft, die aufgrund der Sprachbarriere noch nicht zur Weltmeisterschaft kommerzialisiert werden konnte, ist die im Sich-Gegenseitig-Anschnauzen.

Dieses sportliche Ereignis wird in Bars und Kneipen ausgetragen. Dabei sitzen sich jeweils zwei einander wildfremde Personen vor Publikum gegenüber und schnauzen sich möglichst fies und unflätig an. Es geht darum, den anderen in Grund und Boden zu schimpfen und ihm in der zur Verfügung stehenden Zeit gehörig das Maul zu stopfen – allerdings ohne dabei gebräuchliche Standardschimpfwörter zu benutzen. Wer nicht ernst bleiben kann oder wer sich provozieren lässt und Ärger zeigt, hat verloren. Physische Gewalt ist verboten.

Wer aber Talent hat, genug Bosheit mobilisieren kann und von den Schiedsrichtern genügend Punkte bekommt, darf weiter in die Ausscheidungsrunde, in die sogenannten Fuck-Offs, und wer auch diese übersteht, kann sich bis zum finnischen Meister empormotzen und dafür einen Pokal und fünfhundert Euro kassieren.

Der finnische Humor ist herzhaft bodenständig und trocken, noch trockener als der britische. Und er bewegt sich gern unterhalb der Gürtellinie. Besonders beliebt sind Witze, bei denen sich ein Schwacher aus einer schier ausweglosen Situation durch seine Intelligenz und Ausdauer nicht nur befreit, sondern auch einen humoristischen Sieg über den übermächtigen Unterdrücker davonträgt – das klassische David-gegen-Goliath-Motiv. Ein Beispiel:

Ein Russe, ein US-Amerikaner und ein Finne betrinken sich gemeinsam. Nach einer Weile kommen sie in patriotische Stimmung und geben mit ihren jeweiligen Ländern an. Der Russe sagt:

> *»Wir haben so viele Schiffe und U-Boote, wenn wir unsere gesamte Flotte auf dem finnischen Meerbusen zusammenziehen, könnt ihr die siebzig Kilometer von Helsinki nach Tallin trockenen Fußes gehen.«*

Der Amerikaner erwidert:

> *»Das ist noch gar nichts. Wir haben so viele Flugzeuge, wenn wir unsere ganze Air Force über dem Baltikum gleichzeitig in die Luft schicken würden, wäre es schwarze Nacht, man würde die Sonne nicht mehr sehen.«*

Nach einer Weile meint der Finne:

> *»Im Stadtzentrum von Tampere wohnt ein Kerl, dessen Na-ihr-wisst-schon so lang ist, dass er im Ruhezustand den Boden berührt.«*

Ein paar Drinks später hat sich die Stimmung der drei von patriotisch zu rührselig geändert, inzwischen sind sie die besten Freunde und haben das Bedürfnis, ihre Angeberei von vorher etwas zu relativieren. Der Russe räumt ein:

> *»Na ja, ein paar Meter schwimmen müsste man schon noch…«*

Der Amerikaner gibt zu:

> *»Und die Sonne würde wohl schon noch durchscheinen.«*

Der Finne zuletzt:

> *»Und der Kerl, von dem ich erzählt habe, wohnt nicht im Zentrum von Tampere, sondern in einem Vorort.«*

Von Regionen und Migranten – Mehr- und Minderheiten in Finnland

»Die Finnen haben sich nach ihrer Ankunft hier in zwei Hauptstämme aufgeteilt, in die *hämäläiset*, (den Häme-Stamm), und die *karjalaiset* (die Karelier). Die Ersteren besiedelten die westlichen Teile unseres Landes, die Letzteren die östlichen.«

Das behauptet Kaarlo Hänninen in seinem bahnbrechenden Standardwerk *Erd- und Heimatkunde für Volksschulen mit nur einer Lehrkraft*, erschienen 1929 in vierter Auflage beim Verlag *Valistus* (Aufklärung), gedruckt bei der Druckerei *Raittiuskansa* (Abstinenzvolk).

»Der Bewohner von Häme ist stabil von Gestalt, hat breite Schultern und ist kräftig. Die Augen sind blaugrau, die Haare oft blond. Er ist von Natur eher ernst und schweigsamer als der Karelier. Bei der Arbeit ist er sehr ausdauernd und praktisch veranlagt. Er ist das Urbild der Finnen, und die Landwirtschaft ist seine Leidenschaft.

Der Karelier ist länger und schlanker gewachsen. Die Augen sind dunkler, die Haare meist dunkel und lockig. Von Natur ist der Karelier agil, beredt und aktiv. Er hat allerdings bei der Arbeit nicht die Zähigkeit des Häme-Bewohners, was man besonders daran erkennt, dass er sich nicht so gern mit der Landwirtschaft befasst. Stattdessen treibt er lieber Handel. Außerdem liebt er die Musik und den Gesang.«

Der Autor, der hier trefflich und unvoreingenommen seine finnischen Stammesbrüder und -schwestern charakterisiert, wurde selbst in Kuusamo im Nordosten von Österbotten geboren und war der Erste in seiner Familie, der eine Schule besuchen durfte. Kaarlo war ein Musterschüler, und er brachte es bis zum Reichstagsabgeordneten im fernen Helsinki, wo er sich besonders durch zähes Ringen zugunsten der nördlichen Landwirtschaft auszeichnete. Zu seinen politischen Siegen gehörte unter anderem, dass er endlich Subventionen für den arktischen Zwiebelanbau durchsetzen konnte. Leider erlitt er 1939 einen Herzinfarkt, an dem er aus heiterem Himmel verstarb, und zwar ausgerechnet beim Ersteigen der Treppe zum Parlamentsgebäude in Helsinki, weit weg von seiner geliebten nördlichen Heimat. Die bestürzte Gemeinde Kuusamo bezahlte für sein Begräbnis und seinen Grabstein, und im Zentrum von Kuusamo ist ein Sträßchen nach ihm benannt.

Genetische Kluft

Hänninen kann von Genetik nicht viel gewusst haben, aber was er damals über die Stämme Finnlands schrieb, hat trotzdem Hand und Fuß. Seine Theorie von den zwei Hauptstämmen, in die sich die Finnen anfangs aufgeteilt haben sollen, hat vor Kurzem überraschend einen wissenschaftlichen Unterbau erhalten:

Forscher der Universität Helsinki untersuchten 2008 das Erbgut von etwa tausend Schweden, Deutschen, Briten und Finnen und verglichen mehr als zweihunderttausend verschiedene genetische Marker der vier verschiedenen Nationalitäten. Das Ergebnis war verblüffend: Deutsche und Briten sind genetisch viel enger miteinander verwandt als Ostfinnen und Westfinnen. Auch der genetische Abstand zwischen Finnen und Schweden ist viel größer als der zwischen Schweden und den beiden anderen germanischen Populationen.

Ob aus genetischen oder anderen Gründen, auf jeden Fall kultivieren die Finnen ihre eigenen Stammes- und Dialektgrenzen, und zu welchem Stamm man gehört, ist Gegenstand jedes typischen finnischen Small Talks.

Helsinki und der Rest der Welt

Etwa ein Drittel der Landesbevölkerung lebt in der südlichen Provinz Uusimaa, im unmittelbaren Umkreis der Hauptstadtregion, und das Verhältnis der übrigen Finnen zu den Hauptstädtern ist typisch für ein Land mit einem so eindeutig urbanen Zentrum. Weil in Helsinki die Reichen und Schönen leben und die Geschicke des Landes von hier aus geleitet werden, spricht man auf dem Land gern abfällig von den »Herren in Helsinki«, die in ihren feinen Anzügen wichtige Besprechungen abhalten und vergessen haben, dass Finnland noch vor Kurzem ein Agrarstaat war. Die Bewohner von Helsinki gelten als verwöhnte, arrogante Snobs, die es an Solidarität mit dem ländlichen Finnland fehlen lassen.

Das kann zumindest teilweise wahr sein. Die Städter nennen die Landbewohner oft *juntti*, sinngemäß übersetzt Hinterwäldler, und wer in der Hauptstadt lebt, fühlt sich gelegentlich etwas besser als der Rest. Als etwas Besonderes gelten die »barfüßigen Helsinkier«, also diejenigen, die in der Hauptstadt geboren sind, und wer sogar schon in zweiter oder dritter Generation hier ist, lässt dies bei jeder passenden Gelegenheit durchblicken. Eine lange urbane Kulturgeschichte gibt es in Finnland nicht, und auf die, die man hat, ist man eben besonders stolz.

Helsinki selbst hat nur eine halbe Million Einwohner, weil die Hauptstadt aber in den letzten Jahrzehnten mit ihren Nachbargemeinden Espoo und Vantaa zusammengewachsen ist, muss man ehrlicherweise von einer einzigen Stadt sprechen. Von einer einzigen Stadt mit drei verschiedenen Bürgermeistern, Bebauungsplänen, Taxi-Verwaltungsbezirken und einer verwirrenden Vielfalt von zonenübergreifenden Bahn- und Bustickets. Bei jeder Reichstagswahl wird in Finnland debattiert, ob man dieses Relikt nicht abschaffen und die drei Gemeinden zu einer einzigen zusammenfassen sollte. Getan wird aber nichts, denn selbstverständlich haben die Stadtverwaltungen von Espoo und Vantaa keinerlei Interesse daran, sich selbst aufzulösen.

Die Hauptstadtregion wächst, so scheint es, unaufhaltsam. Im letzten Jahrhundert hat sich die Einwohnerzahl verzehnfacht. Rund um Helsinki entstehen immer neue Schlafstädte, Stadtteile, die am Reißbrett geplant und so schnell wir möglich gebaut werden, um Wohnraum für den nicht endenden Strom von Zuwanderern zu schaffen. In der Eile kommen dabei die Qualität und die Ästhetik der Bauten oft zu kurz.

Im eigentlichen Helsinki, das von seinen Bewohnern kurz und zärtlich *stadi*, also Stadt, genannt wird, spricht man nicht etwa Schriftsprache, sondern *stadin slangi*, den Slang der Hauptstadt, die internationalste Variante des Finnischen. Noch bis vor Kurzem galten alle anderen Dialekte als uncool, aber inzwischen sind sie salonfähig, ja sogar modern geworden. Man schämt sich nicht mehr, kein blütenreines Schriftfinnisch und auch nicht die modische Hauptstadtvariante zu sprechen, im Gegenteil, man ist stolz auf seine lokalen linguistischen Macken. Dialekt zu sprechen, ist heute nicht mehr ein Zeichen von Hinterwäldlerei, sondern von regionalem Selbstbewusstsein. Es gibt bereits die ersten Übersetzungen von Asterix in den Savo-Dialekt, und der Schriftstellerin Heli Laaksonen ist es in den letzten Jahren mehrfach gelungen, mit

Gedichtbänden im westfinnischen Dialekt die Bestsellerlisten zu erobern.

Der intensivste finnische Dialekt wird im südwestfinnischen Hafenstädtchen Rauma gesprochen, und sowohl Finnen als auch Ausländer sind sich einig darüber, dass man in Rauma, auch wenn man perfekt Finnisch spricht, ebenso verloren ist wie ein Ostpreuße in Hinterbayern.

Pohjanmaa

Wenn man per Auto die Provinz Österbotten erreicht, wo die Leute laut Kaarlo Hänninen gern ein wenig protzen, dann merkt man als Erstes, dass die Straßen ein bisschen breiter, die Vorgärten etwas größer und gepflegter und die Häuser einen Hauch schmucker und geräumiger sind. Nicht umsonst nennt man diese Provinz auch das Texas von Finnland, und tatsächlich gehören hier Stetson und Cowboystiefel zum Standardoutfit vieler Männer. Auch die Verbreitung von alten amerikanischen Straßenkreuzern ist hier besonders groß.

Das Größte an Österbotten oder *Pohjanmaa*, wie es auf Finnisch heißt, ist der sogenannte Dorfladen von Tuuri. Tuuri ist ein kleines Kaff weitab jeglicher Zivilisation, der Dorfladen aber ist inzwischen mit einem Umsatz von knapp 200 Millionen Euro kein Dorfladen mehr, sondern Finnlands zweitgrößtes Warenhaus. Allein die Lebensmittelabteilung hat 7000 m² Verkaufsfläche und eine Viertelmillion verschiedene Produkte im Angebot.

Der Dorfladen von Tuuri wurde mehrfach zum besten einheimischen Reiseziel gewählt, jährlich kaufen mehr als sechs Millionen Finnen hier ein – statistisch gesehen besucht jeder Einwohner den Laden jährlich 1,2 Mal.

Der Kaufmann Vesa Keskinen, Nachfahre eines fahrenden Händlers, leitet das Geschäft bereits in fünfter Generation. Zu dem riesigen Einkaufszentrum inmitten der Wildnis gehören auch ein Hotel, in dem jedes Zimmer mindestens vierzig Quadratmeter groß ist, mehrere Restaurants und ein Trailerpark. Außerdem organisiert Herr Keskinen Rockfestivals und Eislochfischwettbewerbe in seinem Kommerzparadies, das ein Musterbeispiel für die klassische Kombination aus viel Geld und wenig Geschmack darstellt: Keskinens private Kitschvilla befindet sich in unmittelbarer Nähe des Einkaufszentrums, sodass er sein Imperium immer vor Augen hat. Seinen Garten hat er mit sieben lebensgroßen weißen Einhörnern geschmückt, am Eingang zum Geschäftsareal begrüßte ein über zwanzig Meter hohes goldenes Hufeisen den staunenden Besucher. Dieses Hufeisen wurde 2008 von virtualtourist.com zum dritthässlichsten Monument der Welt gekrönt. Das aber stört den Besitzer wenig: Er behauptet, aufrichtig stolz auf dieses Ranking zu sein, dieser dritte Platz sei die beste internationale Werbung, die er sich wünschen könne.

In Pohjanmaa muss eben alles ein bisschen größer sein. Berüchtigt sind die Bewohner der Provinz auch für ihre aggressive Gastfreundschaft: Wer zum Abendessen eingeladen wird, schafft es bestimmt nicht mehr am selben Abend nach Hause und wiegt trotz ausgiebiger Sauna am nächsten Morgen einige Kilogramm mehr.

Turku und Tampere

Lange Jahre wetteiferten die beiden Städte Tampere und Turku um den Titel des zweitgrößten Ballungsgebietes von Finnland, inzwischen hat sich dieses Kopf-an-Kopf-Rennen zugunsten von Tampere entschieden.

Tampere liegt am Tammerkoski-Fluss und ist Finnlands traditionelle Industriestadt, auch *Manse*, das Manchester von Finnland genannt. Hier wurde aus fließendem Wasser Energie für die schnell wachsende Industrie gewonnen, und hier entstand im 19. Jahrhundert Finnlands Industrieproletariat. Die frühindustrielle Vergangenheit kann man in Tampere noch überall an den vielen Fabrikgebäuden aus Rotziegel ablesen, die heutzutage allerdings meist als Restaurants oder Kulturzentren fungieren.

Im Jahr 1905, als Finnland noch Teil Russlands war, hielten die Bolschewiken in Tampere ein konspiratives Treffen ab. Bei dieser Gelegenheit begegneten sich Josef Stalin und Vladimir Lenin zum ersten Mal.

Die Stadt Turku, auf Schwedisch Åbo, liegt an der südwestfinnischen Küste und existiert seit dem späten 13. Jahrhundert. Damit ist Turku Finnlands älteste Stadt, und lange Zeit war sie der wichtigste Ort des Landes. In den Jahren nach der Übernahme Finnlands durch Russland war Turku sogar eine Zeit lang die offizielle Hauptstadt. Auch heute noch ist die Stadt Sitz des Erzbischofs, seines Zeichens Oberhaupt der finnischen evangelisch-lutherischen Kirche.

Turku und Tampere kultivieren traditionell eine humorvolle Fehde. Besonders die Studenten der Universitäten der beiden Städte bemühen sich, die alte Feindschaft aufrechtzuerhalten. In Tampere gibt es eine Studentenverbindung, die alljährlich mit Vorschlaghammer und Keil versucht, Turku vom Festland zu trennen und somit endlich loszuwerden. Die Witze, die man übereinander erzählt, sind ungefähr von diesem Kaliber:

Ein tragisches Unglück ereignete sich vorgestern in Tampere: Ein Sportflugzeug stürzte aufgrund eines Motorschadens ab. Der Pilot überlebte, aber die Trümmer fielen auf den städtischen Friedhof. Professionelle und freiwillige Katastrophenhelfer sind seit zwei Tagen pausenlos im Einsatz. Bis jetzt haben sie 620 Todesopfer geborgen.

Und was tut jemand aus Turku beim Zahnarzt? Er lässt sich Weisheitszähne machen.

Lappland

Das Schönste an Finnland ist neben der Sprache die Tatsache, dass das Land so leer ist. Am leersten ist es oben im Norden, wo noch etwa neuntausend Samen leben. Insgesamt gibt es noch fünfzig- bis hunderttausend Angehörige dieses Volksstamms, die meisten aber leben in den anderen europäischen Kalottenländern Schweden, Norwegen und Russland.

Die Samen werden als Ureinwohner der nordischen Tundra betrachtet, ihre Sprache, die es in zahlreichen verschiedenen Dialekten gibt, gehört ebenfalls zur Gruppe der finnougrischen Sprachen, ist aber nicht sehr eng mit dem Finnischen verwandt. Wenn unterwegs nach Norden in der Nähe des Polarkreises plötzlich die Ortsnamen und Wegweiser zweisprachig und doppelt so lang werden, versteht man ohne die finnische Übersetzung absolut nichts.

Die wohl berühmteste kulturelle Errungenschaft der Samen ist der Ski, der bereits vor 4500 Jahren benutzt wurde. Bekannt sind sie außerdem für ihr Kunsthandwerk, bei dem vor allem verschiedene Holzarten, Birkenrinde, Zinn, Horn und Leder verarbeitet werden. Viele samische Künstler verdienen sich etwas dazu, indem sie Geschnitztes aus Holz und Rentierhorn oder *kuksat* verkaufen, hölzerne Kaffee- oder Schnapstassen für unterwegs, die man sich an einem Lederriemen um den Hals hängt.

An der traditionellen Kleidung der Samen fallen besonders die Lederstiefel mit der hochgezogenen Spitze und die mehrzipflige, von Finnen spöttisch als Vierwindehut bezeichnete bunte Mütze auf. An Kittel, Brustschmuck und Halstuch kann ein Same oder ein Experte die Zugehörigkeit zu einer bestimmten Gegend erkennen, allerdings wird die Tracht heute fast nur noch für Touristen und Berufsfotografen getragen, aus dem Alltag ist sie verschwunden. Der moderne Same kleidet sich bequem und trocken in Gore-Tex.

Wenn man Lappland besucht, kommt man nicht wirklich oft mit echten Samen in Kontakt, denn diese sind wie gesagt rar und machen sich noch rarer. Viel wahrscheinlicher ist, dass man zusammen mit anderen Finnen in einem der wenigen, dafür aber umso massiveren Hotel- und Wintersportkomplexe landet und nach einem Tag auf der Piste oder Loipe im Restaurant mit seinen Nachbarn aus Helsinki, Oulu oder Jyväskylä plaudert.

Im Sommer ist Lappland das Paradies der Wildwasserkanuten und Fliegenfischer, aber man braucht einen ziemlich dicken Pelz, um die Jahreszeit ertragen zu können, denn in der Luft schwirren Myriaden von bösartigen arktischen Mücken. Nur harte Typen machen Sommerurlaub in Lappland, die normalen Touristen aus Südfinnland kommen erst im Herbst zur Zeit der *ruska*, wenn die Vegetation plötzlich spektakulär bunt wird.

Ein Urlaub in Lappland ist gewiss nicht billig, schon allein dorthin zu kommen kostet und dauert.

Aber es kann sich auch lohnen, wenn das Glück mit im Spiel ist: Im Sommer 2009 fand eine Frau im Lemmenjoki-Fluss, wo noch heute von etwa sechzig Goldsuchern professionell Gold gewaschen wird, ein Nugget von der Größe einer Streichholzschachtel – Gewicht 82,7 Gramm, geschätzter Wert mehr als 20 000 Euro.

Der arktische Röstigraben

Wie gesagt, Folklore ist modern in Finnland, überall sucht man seine eigenen Stammeswurzeln und schreibt Gedichte im eigenen Dialekt. Und wenn man die Finnen in den verschiedenen Regionen etwas näher kennenlernt, dann stellt man fest, dass die hervorgehobenen Unterschiede keine Klischees sind, sondern wirklich existieren.

So haben zum Beispiel die Bewohner von Savo und Karelien im Osten den Ruf von Verbalakrobaten, ja in Savo soll man sogar in der Lage sein, Eskimos Kühlschränke aufzuschwatzen. Dagegen haben Angehörige des Stamms aus Häme tatsächlich schon Schwierigkeiten, wenn es gilt, den Mund aufzumachen, um jemanden nach dem Weg zu fragen. Ostfinnen werden als gemütlich, wegen ihrer sozialen Fähigkeiten aber nicht als besonders vertrauenswürdig empfunden: Wenn man jemanden aus Savo um Rat fragt, bezieht er, so heißt es, meist weder die eine noch die andere Position, sondern erklärt freundlich, dass die Sachlage vielleicht sogar umgekehrt ist. Die Verantwortung für das Verständnis des Gesagten, so heißt es, liegt in einer Konversation mit Personen aus Savo grundsätzlich beim Zuhörer.

Über Häme sind exakt dieselben Witze im Umlauf wie über die Berner in der Schweiz, und bei der Pointe geht es meist um eine gewisse Langsamkeit: Wenn zwei Freunde in Häme zusammen fischen und der eine morgens behauptet, es werde bald regnen, der andere aber nachmittags anderer Meinung ist, dann haben sie den ganzen Tag gestritten.

Und dann sind da noch die Finnlandschweden, die eigentlich schwedischsprachige Finnen heißen müssten. Viele Finnen empfinden immer noch einen unterschwelligen Neid auf diese Bevölkerungsgruppe, aber oft ist der Neid zumindest im finanziellen Sinn gar nicht angebracht. Nicht alle Finnlandschweden sind Kinder reicher Eltern, nicht alle haben im In- und Ausland studiert, nicht alle erben eine schöne alte Jugendstilwohnung in Helsinki.

Aus- und Einwanderer

Im Lauf seiner Geschichte hat Finnland viele Migrationswellen erlebt, in beide Richtungen. Schon die ersten Ankömmlinge, die das Land besiedelten, waren Migranten, die sich jedoch mit keiner Urbevölkerung zu vermischen brauchten, weil sie kurz nach der Eiszeit ein leeres Land vorfanden.

Später, als die Finnen mit dem Besiedeln fertig waren, wanderten mehr als eine Million von ihnen wieder aus, die wichtigsten Zielländer waren Schweden, die USA, Kanada und Australien.

Zur Zeit der Herrschaft Schwedens zog es Auswanderer meist auf die andere Seite des Bottnischen Meerbusen nach Stockholm, ins Zentrum der Macht und des Handels.

Unter russischer Herrschaft gab es erneut eine Auswanderungswelle: Besonders die Bewohner von Pohjanmaa machten sich in Scharen nach Nordamerika auf, um ihr Glück zu suchen, allein zwischen 1881 und 1914 traten insgesamt fast dreihunderttausend Menschen die Reise über den Atlantik an, ein erheblicher Teil der gesamten Population.

Das unabhängige Finnland erlebte in den Sechzigerjahren einen wahren Exodus, wieder Richtung Schweden, diesmal aber nicht in die Hauptstadt, sondern in die Industriestädte Schwedens. Insgesamt 300 000 Finnen zogen des besseren Lebensstandards wegen nach Schweden, verdingten sich als Gastarbeiter und wurden auch so behandelt. So manche schwedische Fabrik war komplett in finnischer Hand, es gab Arbeitersiedlungen, wo Finnen die Mehrheit stellten – viele von ihnen machten sich deshalb gar nicht erst die Mühe, wirklich Schwedisch zu lernen. Nach zehn oder zwanzig Jahren am schwedischen Fließband kehrten viele Finnen wieder in ihre Heimat zurück, stolz, im nagelneuen Volvo.

Als ich 1986 in Finnland ankam, war ich einer von etwa 16 000 ausländischen Bürgern, die ihren Wohnsitz im Land angemeldet hatten. Die meisten Ausländer waren damals Bürger aus den anderen Nordischen Ländern, die seit 1955 eine Passunion miteinander haben und relativ unbürokratisch zusammenarbeiten.

Seither hat sich die Zahl der Ausländer in Finnland fast verzehnfacht, inzwischen sind wir etwa 140 000, mehr als ein Drittel davon aus den alten und neuen EU-Mitgliedsstaaten.

Früher waren die einzigen Russen, die man in Finnland antraf, Spione, sprich Bedienstete der sowjetischen Botschaft, aber seit der Eiserne Vorhang gelüftet wurde, stellen die Russen die größte Gruppe der Immigranten, dicht gefolgt von den Esten, deren Hauptstadt Tallin ja nur anderthalb Tragflügelbootstunden von Helsinki entfernt ist. Schweden, Somalia, China und Thailand sind die Ursprungsländer der folgenden größeren Einwanderergruppen, danach erst kommt Deutschland mit insgesamt etwa dreieinhalbtausend Vertretern. Jährlich beantragen knapp fünftausend Einwanderer die finnische Staatsbürgerschaft – Deutsche sind nur ganz selten dabei.

Ethnische Minderheiten sind für Finnland ein ziemlich neues Phänomen, und auch heute ist der Ausländeranteil an der Bevölkerung immer noch einer der niedrigsten in Europa. Man tut sich sehr schwer mit der Integration fremder Kulturen, besonders, wenn sie sich optisch stark von der eigenen unterscheiden. Man trifft in Finnland oft den Typus des (meist männlichen) »Redneck« an, der Angst um seinen Job und seine Ehe hat und am liebsten sämtliche Ausländer zum Teufel jagen möchte. Verbreitet ist auch der Typus der (meist weiblichen) Intellektuellen, der alles Fremde kritiklos und freudig als bereichernd begrüßt und einen Taschendieb nur dann bei der Polizei anzeigt, wenn er weiße Haut hat. Erst die junge, internationale Generation gewöhnt sich daran, dass es normal ist, wenn Menschen mit anderen ethnischen Hintergründen Finnisch oder Finnlandschwedisch als Muttersprache sprechen.

Dabei war Finnland noch nie eine Monokultur: Finnlandschweden, Russen, Juden, Balten, Samen – die Bevölkerung Finnlands ist alles andere als homogen. Seit jeher gibt es zudem Roma, heutzutage sind es ungefähr 10 000, die meisten von ihnen leben in Helsinki und Umgebung. Man kann sie leicht erkennen, denn sie tragen mit großem Stolz ihre traditionelle Kleidung, die Männer Bundfaltenhosen und Oberbekleidung mit langen Ärmeln, die Frauen weit ausreichende, vielschichtige Röcke, viel Spitzen und viel Schmuck. Alle finnischen Roma oder *Gale*, Dunkle, wie sie sich selbst nennen, sprechen fließend Finnisch oder Schwedisch, pflegen aber neben ihrer Folklore auch ihre eigene Sprache.

Die traditionelle Lebensart der Roma und ihre unterschiedliche Wertskala vertragen sich ganz und gar nicht mit der lutherischen Ethik und dem skandinavischen Wohlfahrtssystem Finnlands. Schon immer waren die Roma das Objekt von Dünkel und Vorurteilen. Besonders ihre etwas weniger todernste Beziehung zu regelmäßiger, schweißtreibender Lohnarbeit ist für Finnen schwer verdaulich. Noch 1962 bezeichnete ein finnisches Konversationslexikon die Roma als »arbeitsscheu«, und geändert hat sich am Kulturunterschied nichts: Als sich 2007 bei einer Podiumsdiskussion zum Thema Beschäftigungspolitik eine Sprecherin der finnischen Roma-Vereinigung darüber beklagte, dass die Arbeitslosigkeit in den Reihen der Roma überdurchschnittlich hoch sei, begann das Publikum im Saal zu lachen.

Tausend Jahre Harmonie – Finnland und Deutschland

»Wie nennt man jemanden, der zwanghaft stiehlt?« –
»Einen Kleptomanen.«
»Wie nennt man jemanden, der zwanghaft Feuer legt?« –
»Einen Pyromanen.«
»Und wie nennt man jemanden, der beides tut?« –
»Einen Germanen.«

Lappländischer Witz

Eine gemeinsame Grenze haben Finnland und Deutschland nicht, aber trotzdem sind beide alte Nachbarn. Man kennt sich schon seit mindestens tausend Jahren, und die ersten Kontakte waren hauptsächlich friedlicher Natur. Man trieb Handel miteinander. Das finnische Wort *saksa*, das heutzutage Deutschland bedeutet, stand damals schlicht für: Kaufmann.

Deutsche Händler kamen in ihren Koggen über die Ostsee, ließen sich für einige Monate am Bottnischen oder am Finnischen Meerbusen nieder und kauften, was die Finnen ihnen aus dem Inland brachten, vor allem Pelze. Weil sie die später zu Hause weiterverkaufen wollten, hielten sie sich selbst auf andere Weise warm, und wenn der Frühling kam, das Meer wieder eisfrei war und die deutschen Kaufleute absegelten, blieb so manche finnische Frau mit einem genetischen Andenken aus Mitteleuropa zurück.

Deutsche, vor allem norddeutsche Kaufleute schlossen sich zur Hanse zusammen und schufen einen gemeinsamen Wirtschaftsraum rund um die Ostsee. Aus dieser Vereinigung wurde später ein lockerer Städtebund unter der Führung Lübecks. Auch in Finnland schuf sich die Hanse Stützpunkte, so in Viipuri (Wyborg) und Turku. Und prompt – Geld regiert die Welt – saßen Deutsche in den Stadträten, stellten oft sogar den Bürgermeister. Es dauerte nicht lange, bis es Streit gab – nicht etwa mit den Finnen, sondern mit anderen Deutschen, nämlich mit den Vitalienbrüdern. Hervorgegangen waren diese aus dem Seeräuberhaufen um Klaus Störtebeker und Gödeke Michels, der das mecklenburgische Herzogshaus im Kampf gegen die dänische Königin Margarete unterstützte.

Die Mecklenburger öffneten 1391 ihre Häfen Wismar und Rostock für »alle, die das Reich Dänemark schädigen wollten«, und führten mithilfe der Vitalienbrüder einen gnadenlosen Kaperkrieg gegen Dänemark, der sich aber bald gegen alle auf der Ostsee fahrenden Schiffe, besonders die der Hanse, richtete. Die Ratsherren und der Bürgermeister von Åbo (der vermutlich ältesten Stadt Finnlands, heute Turku) beschwerten sich 1395 – auf Deutsch – bei ihren Amtskollegen in Reval über die Piraten und erklärten, »dat wy gherne ghedan wolden hebben und noch gherne don willen, war wy dat enden kunnen«.

Die Draufhauer

Was in Finnland so gut wie jeder weiß, in Deutschland aber nur Historiker: Von den schwedischen Truppen, die während des Dreißigjährigen Krieges in Deutschland brandschatzten, marodierten und plünderten, waren etwa ein Drittel überhaupt keine Schweden, sondern finnische Söldner. Für die Armee Gustavs II. Adolf musste Finnland, damals etwa eine halbe Million Einwohner zählend, jährlich 13 000 – 18 000 Soldaten stellen. Jede Gemeinde war verpflichtet, eine vorgeschriebene Anzahl an Soldaten in den Krieg zu schicken. Zuerst wurden die Angehörigen der unteren sozialen Stufen, dann mit zunehmender Kriegsdauer auch die Söhne reicher Bauern in Dienst genommen.

Eine berittene Spezialeinheit, die in dem Ruf stand, besonders brutal und rabiat zu sein, waren die sogenannten Hakkapeliten, die Draufhauer (angeblich nach dem finnischen Ausruf *hakkaa päälle*, hau drauf), die mit Schwertern und Pistolen kämpften, in Deutschland Angst und Schrecken verbreiteten und bald zu den meistgefürchteten Soldaten des 17. Jahrhunderts gehörten. Der Einzige, vor dem sie Respekt hatten, war, so will es die Anekdote, der Bürgermeister eines kleinen deutschen Städtchens. Er nämlich bot den Belagerern an, einen ganzen Stiefel Wein in einem Zug auszutrinken, wenn sie dafür seine Stadt in Ruhe ließen. Nachdem er seine Trinkfestigkeit demonstriert hatte, zogen die wilden Kämpfer tatsächlich beeindruckt ab.

Während also im 17. Jahrhundert die Deutschen vor den Finnen Respekt haben mussten, war das Abhängigkeitsverhältnis ansonsten meist umgekehrt. Immer wieder brauchten die Finnen die Deutschen, zum Beispiel, um sich Bücher drucken zu lassen. Das erste finnische Buch, das *Missale Aboense*, wurde 1488 in Lübeck gedruckt. Ein Student Luthers, Bischof Mikael Agricola, brachte den Finnen 1543 die Schriftsprache, die erste finnische Druckerei wurde 1642 in Turku von dem Deutschen Peter Wald gegründet.

Carl Ludwig Engel

Nachdem Åbo, die alte Hauptstadt, mal wieder abgebrannt war, gründete der schwedische König 1550 Helsinki als neue Hauptstadt, nicht zuletzt, um mit diesem Stützpunkt der Hansestadt Reval im Russlandhandel Konkurrenz zu machen. Einigen Kaufmannsfamilien aus anderen finnischen Handelsstädten befahl er deshalb, sich in Helsinki niederzulassen. Obwohl sie alle brav gehorchten, ging es mit Helsinki nicht so recht aufwärts, und als Reval dem schwedischen Reich einverleibt wurde, war die Sache mit der Konkurrenz schließlich nicht mehr so wichtig.

Es brauchte den russischen Zaren und seinen deutschen Bauherrn Carl Ludwig Engel, um aus Helsinki eine richtige Stadt zu machen. Engel wurde 1778 in Berlin-Charlottenburg geboren und studierte mit Friedrich Schinkel an der Berliner Bauakademie, wo er sich unter anderem mit der damals hochmodernen hellenistischen Ausprägung der Antike beschäftigte. Seine Karriere begann er in der preußischen Bauverwaltung. 1809 kam Engel nach Reval und St. Petersburg, später verschlug es ihn nach Turku und 1816 schließlich nach Helsinki, zu einer Zeit also, zu der Finnland schon ein autonomes russisches Großfürstentum war. Zar Alexander I. ernannte ihn zum Architekten des Baukomitees von Helsinki. Engel entwarf etwa dreißig öffentliche Gebäude in Helsinki, das gesamte alte Stadtzentrum trägt seine Handschrift, die Universität samt Bibliothek, der Senatsplatz und die Domkirche.

1824 wurde Engel Intendant, also oberster Leiter der finnischen Baubehörde, und somit für das architektonische Geschehen in ganz Finnland zuständig. Sein Werk schließt sich an den Empirestil des napoleonischen Kaiserreichs an, aber er war dennoch ein sehr praktisch veranlagter Mann. Wenn man seine Pläne studiert, stellt man fest, dass er in Finnland furchtbar gefroren haben muss: Er beschäftigte sich ausgiebig mit dem Entwerfen neuartiger Heizungssysteme.

Friedrich Pacius

Einige Jahrzehnte später, als das erwachte Nationalgefühl seine höchsten Wellen schlug, waren die Ideen des deutschen Philosophen Hegel Wasser auf die Mühlen der finnischen Studenten. Wer eine eigene Sprache und eine eigene Nation hatte (auch das Nationalepos Kalevala entstand gerade), brauchte natürlich auch eine eigene Hymne. Den Text dazu ließ man sich von einem Finnen schreiben (dass Runebergs Muttersprache Schwedisch war, ist nur ein minimaler Schönheitsfehler), aber das Komponieren übernahm ein Deutscher: Friedrich Pacius.

Das Lied *Maamme*, »Unser Land«, auf Schwedisch *Vårt Land*, wurde zum ersten Mal am 13. Mai 1848, am sogenannten Flora-Tag aufgeführt, bei einem subversiven Treffen von separatistischen Studenten, die Finnland zum eigenen Staat machen wollten. Bis 1917 mussten sie noch warten, dann wurde das Lied zur allgemein anerkannten Hymne der souveränen Republik Finnland. Es wird bei offiziellen Anlässen gesungen, obwohl die finnische Gesetzgebung offiziell gar keine Hymne kennt, nur Fahne und Wappen sind gesetzlich vorgeschrieben.

Friedrich Pacius stammte aus Hamburg und komponierte auch die erste finnische Oper, *Die Jagd König Karls* nach einem Libretto von Sakari Topelius. Die Uraufführung fand 1851 in Helsinki statt. Man hatte Pacius bereits 1835 nach Finnland berufen, damit er an der nagelneuen Universität Helsinki die

Finnen mit den Errungenschaften der europäischen Musik bekannt machte. Natürlich gab es auch reichlich Kritik am *Maamme*-Lied. Manche behaupteten, es sei musikalisch armselig und eigentlich nichts weiter als eine Variation über ein deutsches Trinklied. Vielleicht werden deshalb immer wieder Stimmen laut, die fordern, man solle das Lied durch *Finlandia* von Jean Sibelius ersetzen.

Dass Pacius Talent zum Schwülstigen hatte, kann ich aus eigener Erfahrung bezeugen. Im März 2009, als Finnland seinen zweihundertsten Geburtstag feierte, gab das Sinfonieorchester der Stadt Tampere zu seinen Ehren ein Konzert mit Werken aus seinen verschiedenen Lebensphasen. Ich hatte die große Ehre, als sprechender Solist in der *Weihe der Töne* aufzutreten, einem hochdramatischen »Deklamatorium«, das von Pathos nur so trieft.

Die Jäger

Die immer neuen Russifizierungsmaßnahmen des Zaren sorgten für Zündstoff. Je intensiver die Unterdrückung wurde, desto radikaler wurden die Loslösungsbestrebungen der Aktivisten. Die Jäger, eine vorwiegend studentische paramilitärische Organisation, begannen, heimlich Kämpfer für einen bewaffneten Aufstand zu rekrutieren. Weil man diese aber in Finnland nicht ausbilden konnte, wandte man sich an Schweden. Der westliche Nachbar lieferte jedoch weder Waffen noch militärisches Training.

Dafür boten die Deutschen umso begieriger ihre Hilfe an, und 1915 schickten die finnischen Nationalisten erst zweihundert, später dann ganze zweitausend junge Männer nach Lockstedt bei Hamburg, wo diese von preußischen Offizieren auf Vordermann gebracht wurden. Die finnische Einheit hieß offiziell 27. Preußisches Leichtinfanterie-Bataillon, und damit sich ihre Ausbildung auch für die Deutschen lohnte, schickten diese die finnischen Krieger zunächst an die Kurlandfront, wo sie sich bezahlt machen und Kanonenluft schnuppern sollten.

1918 kehrten die *Jääkärit* nach Finnland zurück und bildeten im Bürgerkrieg das Rückgrat der »Weißen« Truppen. Zusammen mit etwa 10 000 deutschen Soldaten eroberten sie im April 1918 Helsinki. C. G. E. Mannerheim, der Oberbefehlshaber der Weißen, hätte den Bürgerkrieg lieber aus eigener Kraft niedergeschlagen. Dabei half Deutschland doch eigentlich nur, die Suppe auszulöffeln, die es Finnland eingebrockt hatte. Schließlich lagen die Wurzeln des finnischen Bürgerkriegs in Deutschland: Karl Marx, der Ideenlieferant der Roten, war ein Deutscher, und Lenin, der den finnischen Roten die Waffen lieferte, wäre im Genfer Exil versackt, wenn ihn die Deutschen nicht im versiegelten Zug nach Russland befördert hätten.

Trotz Mannerheims damaliger kritischer Sicht findet man heute an vielen Stellen Denkmäler, auf denen »in Dankbarkeit« der deutschen Kameraden gedacht wird, die hier 1918 »für Finnlands Freiheit« ihr Leben ließen.

Der König, der nicht kam

Seit dem 6.12.1917 war Finnland dann endlich ein unabhängiger Staat und brauchte eine eigene Staatsordnung. Republik oder Monarchie, das war die Frage. Irgendwie war man daran gewöhnt, einen König oder Kaiser über sich zu haben, und während des Bürgerkrieges war in den bürgerlichen Parteien die Zustimmung für die Errichtung einer eigenen Monarchie weiter gewachsen. Im Juni 1918 unterbreitete die Regierung dem Parlament die Vorlage eines dementsprechenden Gesetzes, die auch erwartungsgemäß angenommen wurde.

Die Republikaner aber konnten verhindern, dass der Gesetzesentwurf für dringlich erklärt wurde, woraufhin die Vorlage bis zu den Parlamentsneuwahlen zurückgestellt werden sollte. Die Monarchisten wählten daraufhin eine neue Taktik. Sie beriefen sich auf die ihres Erachtens weiterhin gültige Regierungsform des Jahres 1772, die den Reichstag verpflichtete, nach dem Erlöschen des Herrschergeschlechts – und das Haus Romanow war ja nun unwiderruflich in einem Jekaterinburger Keller erloschen – Maßnahmen für die Wahl eines neuen Monarchen zu treffen. Am 9. August erteilte das Parlament die Vollmacht, entsprechend zu verfahren.

Fragte sich nur noch, wen man als Herrscher anwerben sollte. In Finnland war niemand blaublütig genug, schon allein die Grammatik der finnischen Sprache macht Adelstitel unmöglich: Wo es keine Präpositionen gibt, kann es auch keine Vons und Zus geben. Und überhaupt, bisher waren alle Herrscher Ausländer gewesen.

Also machte man sich auswärts auf Königsschau. Und wo sonst hätte man ihn gesucht als in Deutschland. Der erste Auserkorene war Prinz Oskar, ein Sohn des deutschen Kaisers Wilhelm II. Das deutsche Kaiserhaus hielt aber die finnischen Verhältnisse für so instabil, dass es den Prinzen nicht hergeben wollte.

Die Ratgeber des Kaisers sahen zudem wenig Vorteil darin, dass Deutschland durch Oskar für die Politik Finnlands mitverantwortlich werden könnte. Nach reichlicher Überlegung entschied man sich Ende August 1918 für Prinz Friedrich Karl Ludwig Konstantin von Hessen-Kassel, der gerade sein 50. Lebensjahr vollendet hatte und immerhin mit Margarethe, Prinzessin von Preußen und Schwester des deutschen Kaisers, verheiratet war. Anfang September gab der Prinz einer finnischen Delegation seine gnädige Zustimmung und begann, sich auf seinen Auslandsjob vorzubereiten. Er fing sogar an, Finnisch zu lernen.

In Finnland bereitete man sich auf die Krönung vor. Der arrivierte Künstler Akseli Gallén-Kallela wurde damit beauftragt, standesgemäße Kleidung für den neuen König zu entwerfen, selbstverständlich wurde auch eine Krone in Auftrag gegeben.

Es kam aber nie zu einer Krönung, und Friedrich Karls Finnischunterricht erwies sich als für die Katz: Er setzte nie einen Fuß auf finnischen Boden. Den Republikanern gelang es nämlich, die Königswahl im Parlament noch um einen entscheidenden Monat zu verzögern, und erst am 9. Oktober, dem Tag, als in Berlin die erste Antwort des US-Präsidenten Woodrow Wilsons auf das deutsche Waffenstillstandsersuchen einging, wählte das finnische Parlament Friedrich Karl von Hessen zum König.

Und dann ging alles ganz schnell: Einen Monat später brach das deutsche Kaiserreich zusammen, der Kaiser musste sich mit Familie ins holländische Exil absetzen, sein Schwager Friedrich Karl verzichtete am 14.12.1918 auf den finnischen Thron, und zwei Tage später rückten die deutschen Truppen aus Helsinki ab.

Heutzutage wird allgemein fälschlich geglaubt, der Name des ersten finnischen Königs hätte *Väinö I.* sein sollen – ein schwerst nationalromantischer Name, abgeleitet von Väinämöinen, der Zentralfigur des Kalevala. In Wirklichkeit stammt der Name aber aus der satirischen Feder eines Kolumnisten der damaligen Zeit.

Die Krone, die beinahe das Haupt Friedrich Karls geziert hätte, kann man heute in einer Galerie in der Stadt Kemi am Nordende des Bottnischen Meerbusens bewundern, als Nachbildung: Sie hat Größe 57, wiegt zwei Kilogramm und trägt auf der Spitze nicht das für Königskronen typische Kreuz, sondern den finnischen Löwen, der das gerade abendländische Schwert siegreich erhoben hält, zu seinen Füßen der krumme Säbel des Okzidents.

Finnland schlitterte damals ganz knapp an der Monarchie vorbei und wurde Republik, aber wenn man den Pomp beobachtet, mit dem offizielle Anlässe hierzulande begangen werden, bekommt man manchmal den Eindruck, als würde sich diese stolze Republik immer noch heimlich nach Erbadel und einem Königshaus sehnen.

Bertolt Brecht und die Harmony-Sisters

Im Juli 1940 traf ein Herr namens Bertolt Brecht in Finnland ein. Er hatte in Dänemark und Schweden im Exil gelebt, fühlte sich aber nicht mehr sicher, seit die Wehrmacht im April in Dänemark und Norwegen einmarschiert war. Insgesamt dreizehn Monate verbrachte Brecht bei und mit Hella Wuolijoki, einer aus Estland stammenden Bühnenschriftstellerin und politischen Aktivistin. Die Monate Juli bis Oktober hielt der Deutsche sich auf ihrem Landgut Marlebäck auf, etwa hundertfünfzig Kilometer nordöstlich von Helsinki. Man munkelt, er habe diverse Geliebte mitgebracht, die während seines Aufenthalts im Garten des Gutshofs in einem Zelt lebten.

Bei oder mit Hella Wuolijoki schrieb Brecht das Stück *Herr Puntila und sein Knecht Matti*, darüber, wie groß der kreative Anteil Hellas an dem Manuskript ist, sind Literaturhistoriker noch heute verschiedener Ansicht. Brecht jedenfalls musste sich schließlich aus dem Staub machen und sein Exil nach Amerika verlegen, denn Nazideutschland rückte immer näher.

Als Hitler 1941 der UdSSR den Krieg erklärte und über 70 000 deutsche Soldaten von Nordfinnland aus operieren durften, fing die russische Armee an, finnische Städte zu bombardieren. Finnland trat daraufhin an deutscher Seite in den Krieg ein, betonte jedoch, kein Verbündeter Deutschlands, sondern lediglich Kriegspartner zu sein.

Trotzdem gab es auch auf kulturellem und wirtschaftlichem Gebiet enge Zusammenarbeit. Finnland war immer mehr von Importen aus Deutschland abhängig, und das finnische Kino erlebte sogar eine Blütezeit, weil die Filmindustrie aus Deutschland so viel Zelluloid bezog, wie sie verdrehen konnte. Die drei singenden Harmony-Sisters aus der südostfinnischen Hafenstadt Kotka machten Karriere in Deutschland, und die Finnen, denen man vor Kurzem noch mongolische Abstammung nachgesagt hatte, avancierten plötzlich zu Ariern ersten Ranges. Goebbels setzte sich gar dafür ein, Sibelius die Goethe-Medaille zu verleihen, dieser verstand allerdings, die Ehre abzulehnen.

Zu leiden hatte zunächst auch Hella Wuolijoki. 1943 wurde sie von der finnischen Polizei festgenommen. Weil sie einer sowjetischen Spionin Unterschlupf gewährt hatte, wurde sie zunächst zum Tod, dann zu lebenslanger Haft verurteilt, jedoch bereits 1944, nach Ende des Fortsetzungskriegs begnadigt. Nach dem Zweiten Weltkrieg gehörte sie dem finnischen Reichstag an, später wurde sie Generaldirektorin des finnischen Rundfunks YLE.

Kurt Gustav Otto Jäger

Zum Russifizierungsprogramm des letzten Zaren gehörte auch, dass das Fotografieren in Finnland 1916 und 1917 gänzlich verboten war. Das Entstehen einer finnischen Foto- und Filmkultur sollte wohl im Keim erstickt werden. Chronischer Geldmangel erledigte den Rest. Ab 1921 aber ließ sich die neue Technik nicht mehr zurückhalten: Der Chef der soeben gegründeten Gesellschaft *Suomi-Filmi* kam auf die Idee, einen aufstrebenden Spezialisten der Filmbranche aus dem Ausland kommen zu lassen.

Der junge Kurt Jäger wurde in der endlich freien Presse

enthusiastisch begrüßt, und tatsächlich kam schon im Jahr seiner Ankunft der erste abendfüllende finnische Streifen in die Kinos. Schon bald wurde Jäger allerdings zum Dorn im Auge seiner Arbeitgeber, immer wieder gab es Streit, weil der junge Deutsche im Rampenlicht stand und mit seiner routinierten Überlegenheit die Schau stahl. Schließlich musste er 1925 kündigen. Er gründete mehrere eigene Filmstudios, die jedoch allesamt von Suomi-Filmi in Konkurs getrieben wurden. Das war möglich, weil es Jäger nach finnischem Gesetz als Ausländer nicht erlaubt war, an einer Firma die Mehrheit zu besitzen.

Jägers Filmproduktionen waren erfolgreich, trotz aggressiver Konkurrenz, politischer Diskriminierung und Patentstreitigkeiten. Er produzierte mehrere Dutzend Filme, einige davon sind Klassiker der finnischen Filmgeschichte.

Schließlich war es die Politik, die ihn mundtot machte: 1941 untersagte Nazideutschland die Vorführung britischer und amerikanischer Filme auch in Finnland. Jäger kümmerte sich nicht um internationale Politik, sondern arbeitete weiter als Filmkopierer für amerikanische Studios. Außerdem vertonte er sowjetische Filme auf Finnisch nach. Das hatte fatale Konsequenzen: Er erhielt kein deutsches Filmrohmaterial mehr, sein deutscher Pass wurde konfisziert, und einen finnischen bekam er nicht.

1945 wurde er zusammen mit vierhundertfünfzig anderen Deutschen und Ungarn gemäß eines Abkommens zwischen der UdSSR und Großbritannien in einem Lager interniert. Drei Jahre später wurde er doch noch finnischer Staatsbürger, aber das Schicksal hatte noch einen Schlag für ihn bereit: Der Feuerwehrchef von Helsinki ordnete aufgrund erwarteter Bombenangriffe an, sämtliches leicht entzündliche Nitratfilmmaterial auf das dicke Eis vor Helsinki zu bringen und zu verbrennen. Damit noch nicht genug: Das wenige, was von Jägers filmischem Werk übrig war, wurde bei einem Brand im Jahr 1956 zerstört. Er selbst starb 1965 in Helsinki, und heute kennt weder in Finnland noch in Deutschland jemand seinen Namen.

Ribbentrop und Risto Ryti

Der alternde Mannerheim, der als Oberbefehlshaber im Winterkrieg bewiesen hatte, dass er noch längst nicht senil war, führte Finnland auch im sogenannten Fortsetzungskrieg gegen die Sowjets und bemühte sich dabei um ein möglichst distanziertes Verhältnis zu den deutschen Waffenbrüdern. Dass Hitler ihn 1942 besuchte, um ihm zu seinem 75. Geburtstag zu gratulieren, musste er sich wohl oder übel gefallen lassen, auf dem Foto sieht er allerdings nicht sehr glücklich aus.

Im Frühjahr 1944 schlug Deutschland den Finnen dreimal einen Bündnisvertrag vor, aber Präsident Ryti lehnte jedes Mal ab. Zu diesem Zeitpunkt war klar, wer den Krieg verlieren würde. Weil man aber dringend Nahrung und Waffen brauchte, um der sowjetischen Großoffensive auf der karelischen Landenge standhalten zu können, kam es zum sogenannten Ribbentropvertrag: Risto Ryti unterschrieb das vom deutschen Außenminister unterbreitete Papier und versicherte, dass Finnland während seiner Amtszeit keinen Separatfrieden mit den Russen schließen, sondern bis zum bitteren Ende an der Seite der Deutschen kämpfen würde.

Im Gegenzug bekamen die Finnen sofortige Hilfe, sowohl militärisch als auch in Form von Getreide. Mit Unterstützung der Deutschen, besonders des sogenannten Gefechtsverbands Kurt Kuhlmey, der mit etwa siebzig Flugzeugen die Luftunterstützung für die Verteidiger auf der karelischen Landenge stellte, gelang es den Finnen, die sowjetische Großoffensive zurückzuschlagen. Stalin beschloss, auf die Eroberung Finnlands zu verzichten und seine Truppen nach Süden zu schicken, wo sie am Kampf um Berlin teilnehmen sollten.

Präsident Ryti trat zurück, und Carl Gustav Mannerheim übernahm sein Amt. Mit einem juristischen Kniff wurde der Geschichte nachgeholfen: Weil sein Vorgänger den Ribbentrop-Vertrag nicht in seiner Eigenschaft als Staatspräsident, sondern nur als Privatperson unterzeichnet hatte, war die Republik Finnland somit gar nicht Vertragspartner, und Mannerheim konnte mit den Sowjets einen Waffenstillstand aushandeln.

Die Finnen bekamen also ihren Separatfrieden und konnten sich, jedenfalls verglichen mit anderen am Krieg beteiligten Staaten, mit einem blauen Auge aus der Affäre ziehen. Die deutschen Truppen mussten nach Norden zurückweichen und verbrannten dabei die Infrastruktur, die sie auf ihrem Weg durch Lappland vorfanden. Der Witz am Beginn dieses Kapitels stammt aus dieser Zeit.

Zur Wiederholung, denn ein bisschen verwirrend ist es schon: Die Finnen sprechen nicht von einem Zweiten Weltkrieg wie die Deutschen und die Westalliierten, auch nicht von einem Großen Vaterländischen Krieg wie die Russen, sondern sie teilen die Geschehnisse von 1939 bis 1945 in drei einzelne Kriege auf: in den Winterkrieg von November 1939 bis März 1940, als sie so gut wie allein gegen die Sowjets kämpften, in den Fortsetzungskrieg von Juni 1941 bis September 1944, als sie die Wehrmacht an ihrer Seite hatten, und in den Lapplandkrieg von September 1944 bis April 1945, als sie die Wehrmacht aus dem Land vertreiben mussten.

Doppelt hält besser

Nachdem der heiße Krieg zu Ende war, begann der kalte, und der war in Finnland, vor allem was die Beziehungen zu Deutschland anging, ein Balanceakt. Die offene deutsche Frage war ein Prüfstein für die finnische Neutralitätspolitik.

Bis Mitte November 1972 war Finnland das einzige europäische Land, das weder die Bundesrepublik Deutschland noch die Deutsche Demokratische Republik hatte anerkennen können. Gleichzeitig war Finnland jedoch das einzige Land, das aufgrund seiner Doktrin der Nichtanerkennung geteilter Staaten offiziell gleichwertige Beziehungen zu den beiden deutschen Staaten unterhielt. Aus der Sicht der DDR war gerade Helsinki die einzige Hauptstadt im kapitalistischen Ausland, in der sie mit dem anderen Deutschland im Prinzip gleichwertig konkurrieren konnte.

In Helsinki kümmerten sich sowohl ein Goethe-Institut als auch ein DDR-Kulturzentrum um die Verbreitung deutschen Kulturguts und die Pflege der interkulturellen Beziehungen.

Wenn sich deutsch-deutsche oder andere Ost-West-Unterhändler in Ruhe miteinander unterhalten wollten, konnten sie das in Finnland tun, dem abgelegenen und wenig beachteten Land dort zwischen den beiden Machtblöcken, in dem der eiserne Vorhang etwas durchlässiger war als anderswo.

Die strikte finnische Neutralitätspolitik hatte zudem den Vorteil, dass man sich an allem, was opportun erschien, beteiligen konnte und sowohl im Osten als auch im Westen willkommen war. Der finnische Rundfunk etwa war als einzige europäische öffentlich-rechtliche Anstalt sowohl Mitglied der EBU (der westlichen European Broadcasting Union) als auch der OIRT (der von den Sowjets dominierten Organisation Internationale de Radiodiffusion et de Télévision). 1989 und 1990 durfte ich trotz meiner westdeutschen Herkunft mehrfach ein zweisprachiges Programm namens *Hallo Berlin, hier ist Helsinki* moderieren, das live in Finnland und in der DDR ausgestrahlt wurde. Die journalistische Herausforderung des deutschen Komoderators, der in Ostberlin im Studio der *Stimme der DDR* saß, bestand darin, jegliches Gespräch über die aktuellen Ereignisse zu vermeiden.

Spiegel und Fliegerasse

Für denkende Deutsche ist der Zweite Weltkrieg die Geschichte einer Nation, die sich aus nachvollziehbaren oder nicht nachvollziehbaren Gründen von einem minderbemittelten Diktator zu gefährlichem Größenwahn, zu rassistischen Schandtaten und zu sinnloser Zerstörung aufhetzen ließ.

Die Finnen haben eine vollkommen andere Perspektive. Für sie sind ihre drei Kriege ein heroisches Epos, in dem Finnland die Rolle des Zwerges spielt, der sich entgegen aller Wahrscheinlichkeit erfolgreich gegen den Riesen wehrt, dem es gelingt, sich durch Zähigkeit und Schläue zwischen zwei Monstern namens Josef Stalin und Adolf Hitler zu behaupten und den Schaden dabei erstaunlich gut zu begrenzen.

Viele Finnen sind noch heute dankbar dafür, dass Deutschland ihr Land während des Dritten Reiches im Kampf gegen die Sowjets unterstützte. Ohne die deutschen Waffenbrüder wäre Finnland vermutlich eine Vollblut-Sowjetrepublik geworden wie seine drei baltischen Nachbarn Estland, Lettland und Litauen, zumindest aber zu einem Satellitenstaat wie Polen oder Ungarn.

Ein finnischer Kriegsveteran entschuldigte sich einmal bei mir dafür, das Finnland uns Deutsche damals im Herbst 1944 »im Stich gelassen« habe. Viele Finnen, und nicht nur alte Männer, bewundern noch heute unumwunden die Taktik deutscher Generäle, die Effektivität der Wehrmacht, die Kriegsmaschinerie – ohne dabei an Faschismus oder an Konzentrationslager zu denken.

Nach der Statistik von Yad Vashem, der *Gedenkstätte der Märtyrer und Helden des Staates Israel im Holocaust* in Jerusalem, kamen insgesamt zweiundzwanzig finnische, an die Deutschen ausgelieferte Juden im Holocaust um. Dreiundzwanzig starben in den Reihen der finnischen Armee im Kampf gegen die Sowjets.

Als ich eines Abends in Helsinki mit einem Redakteur des Nachrichtenmagazins *Der Spiegel* beim Bier saß, stießen zwei meiner finnischen Freunde zu uns und begannen sofort damit, meinem liberal-intellektuellen Besuch auf den Zahn zu fühlen. Sie fragten meinen Kollegen, ob er denn die fünf erfolgreichsten deutschen Fliegerasse des Zweiten Weltkriegs kenne und die Anzahl ihrer Abschüsse auswendig aufsagen könne. Ich musste meinem deutschen Kollegen erklären, dass ich nicht in zwielichtigen finnischen Neonazikreisen verkehrte, und meine finnischen Freunde musste ich darauf hinweisen, dass es sich für einen Redakteur des Spiegels schlicht und einfach nicht gehörte, so etwas zu wissen.

Deutsche Subkultur

In Deutschland leben heute an die 20 000 Finnen, und aus irgendeinem Grund sind zwei Drittel davon Finninnen. Die Deutsch-Finnische Gesellschaft DFG ist mit mehr als 10 000 Mitgliedern eine der größten deutsch-ausländischen Freundschaftsgesellschaften.

Umgekehrt leben in Finnland derzeit etwa 3500 Deutsche. Wenn man will, kann man in Helsinki (allerdings nur in Helsinki) sein Leben komplett als Deutscher unter Deutschen verbringen. Es gibt mehrere deutsche Kindergärten, eine deutsche Kirche und eine deutsche Schule, die über hundertfünfundzwanzig Jahre alt ist und an der man vom ersten Grundschuljahr bis zur deutschen Reifeprüfung betreut wird. Es gibt ein deutsches Altenheim, mehrere deutsche Restaurants, mindestens einen deutschen Tierarzt, und deutsche Friedhöfe gibt es ja sowieso überall im europäischen Ausland.

Die deutsch-finnische Affinität kann man vielleicht auf eine kurze Formel bringen: Wenn Finnland sich zwischen Schweden und Russland entscheiden musste, entschied es sich meist für Deutschland. Zurzeit ist Deutschland Finnlands zweitwichtigste Importquelle (nach Russland) und der drittgrößte Markt für finnische Exporte (nach Russland und Schweden).

Die Arbeit der deutschen Botschafter in Helsinki und ihrer finnischen Kolleginnen und Kollegen in Berlin besteht schon seit vielen Jahren nur noch darin, bei Kultur, gutem Essen und schöner Musik die vollkommen harmonischen, absolut reibungslosen und uneingeschränkt fruchtbaren Beziehungen zwischen den beiden Staaten zu loben.

Es gibt natürlich auch immer jemanden, der anders denkt, so etwa den finnischen Olympiasieger Seppo Räty, der, als sein Speer bei der Stuttgarter Leichtathletik-WM 1993 nicht weit genug flog, frustriert von sich gab: *Saksa on paska maa*, »Deutschland ist ein Scheißland«.

Trotz diverser Unkenrufe hängt der Haussegen zwischen Deutschland und Finnland kerzengerade: Bei einem Symposium 2008 in Berlin am dort befindlichen finnischen Kulturinstitut machten sich Experten Gedanken darüber, was für Vorurteile und Stereotypen Finnen und Deutsche heutzutage übereinander im Kopf haben. Und siehe da, das Resultat war: Die alten Klischees hatten sich nicht verändert, beide waren noch wie immer: das Bild vom schweigsamen Finnen und das vom strebsamen und effizienten Deutschen.

Freuen wir uns also auf die nächsten tausend Jahre deutsch-finnischer Freundschaft.

Romantisch, skurril, national – Kunst und Kultur in Finnland

»Rock 'n' Roll ist eine Geisteshaltung. Am besten drückt man sie in internationaler Zeichensprache aus: mit erhobenem Mittelfinger.«

Aki Kaurismäki

Kulturen gibt es viele, Hoch- und Subkulturen, Unternehmens- und Bakterienkulturen, es gibt die Hydro-, die Pop- und die Schnurkeramikkultur, ja, die Deutschen haben sogar etwas, was sie Kulturbeutel nennen.

Für die Finnen ist Kultur kein oberflächlicher Luxus, sondern ein tragender Pfeiler des Selbstverständnisses als Nation und Individuum. Finnland ist nicht durch militärische Siege oder durch wirtschaftliche Potenz entstanden, sondern aus dem unermüdlichen Ansammeln einzelner kultureller Elemente, die zusammen das Adjektiv und Gefühl »finnisch« ausmachen.

In der Hauptstadt leistet man sich alles, was ein Nationalstaat so braucht: ein Nationaltheater, ein Nationalmuseum, eine Nationaloper, einen Nationalchor, ein Nationalballett,

Museen für zeitgenössische und weniger zeitgenössische Kunst. Die Bürger schimpfen zwar gern über die Verschwendung ihrer Steuergelder, sind aber insgeheim doch stolz auf ihre nationalen Monumente und Institutionen.

Es gibt die Nacht der Künste, während der in Kneipen, Parks, Buchläden, Theatern etc. bis in die frühen Morgenstunden Lesungen, Konzerte und Performances veranstaltet werden. Anfangs beschränkte sich dieses Happening auf Helsinki und Turku, die neue und die alte Hauptstadt, inzwischen findet es jeden Sommer in mehr als fünfzehn finnischen Städten statt.

Es gibt die Helsinkier Festwochen, es gibt das Kammermusikfestival von Kuhmo, es gibt die Opernfestspiele von Savonlinna und es gibt das Midnight Sun Film Festival in Sodankylä in Lappland, wo die Teilnehmer zwar keine Preise gewinnen, aber rund um die Uhr neue Filme sehen können, sodass sie beim Verlassen des Kinos bei Sonnenschein manchmal nicht wissen, ob es Tag oder Nacht ist.

Es gibt den Theatersommer von Tampere, den Sibelius-Violinwettbewerb und den Maj-Lind-Klavierwettbewerb, es gibt das internationale Schriftstellertreffen von Mukkula, und dann gibt es Pori: Was haben Bob Dylan, Björk, Benny Goodman, Dizzie Gillespie, Herbie Hancock, James Brown, Miles Davis, Muddy Waters, Chuck Berry, Van Morrison, Sting, Stevie Wonder, Paul Anka, Ray Charles, Tito Puente und Carlos Santana gemeinsam? Wahrscheinlich eine ganze Menge; unter anderem auch, dass sie allesamt bei Finnlands größtem Jazzfestival aufgetreten sind, das seit 1966 jährlich in der südwestfinnischen Stadt Pori stattfindet.

Insgesamt sechsundfünfzig vom Staat subventionierte Theaterhäuser gibt es in Finnland, und jede Stadt, jede Landgemeinde und jedes Dorf, das etwas auf sich hält, hat ein eigenes Rock-, Folklore-, Theater- oder Volksmusikfestival. Manchmal hat man den Eindruck, als würden jede Finnin und jeder

Finne mehrere Leben führen: Wenn man mit dem Briefträger plaudert, stellt sich heraus, dass er in seiner Freizeit Beleuchter, Kulissenbauer und Schauspieler bei zwei Amateurtheatern ist, die Taxifahrerin leitet als Hobby den offiziellen Elvis-Fanclub von Finnland und der Hausmeister ist nebenbei noch finnischer Vizemeister im vierhändigen Ziehharmonikaspielen.

Von der Musik, den Spielen und den Tänzen der ersten Siedler in Finnland ist nichts mehr übrig, aber dennoch haben sie Spuren hinterlassen: Die ältesten erhaltenen Kunstwerke in Finnland sind prähistorische Felszeichnungen, die meist Elche, Menschengestalten, Pfotenspuren, Boote oder Fische darstellen. Inzwischen hat man solche Felsenmalereien an etwa neunzig Stellen gefunden, die meisten davon sind im Gebiet des weitverzweigten Saimaa-Sees. Die allerersten finnischen Felsenbilder wurden übrigens bei einem Spaziergang im Jahr 1911 in Hvitträsk unweit der Hauptstadt entdeckt, und zwar vom Komponisten Jean Sibelius höchstpersönlich.

Nationalromantik

Im späten 19. und frühen 20. Jahrhundert, als es mit der finnischen Kunst steil bergauf ging, hatten die meisten finnischen Künstler und Kulturschaffenden hauptsächlich eins im Kopf: ein von Russland unabhängiges, souveränes Finnland mit einer eigenen, klar unterscheidbaren nationalen Kultur und Mythologie. Vor allem die Natur hatte es damals allen angetan, auf zwei Dritteln der Gemälde aus dieser Zeit sieht man Felsen, Wasser oder Schnee und Bäume, vielleicht auch noch ein Holzhäuschen am Horizont. In den Werken von Jean Sibelius hört man das Eis krachen, den Wind in den Bäumen heulen und den Regen prasseln, in der Literatur dieser Epoche ist meist von rauen Typen die Rede, die in beinahe unberührter Natur ein hartes, aber rechtschaffenes Leben führen und langsam, aber sicher den Weg zum Licht von Bildung, Zivilisation und Nation beschreiten.

Diese Zeit wird heute als das goldene Zeitalter der finnischen Kunst bezeichnet, und Gemälde von Künstlern wie Pekka Halonen, Helene Schjerfbeck, Albert Edelfelt werden zu Spitzenpreisen versteigert. Das Gefühl, das unter den finnischen Stürmern und Drängern herrschte, fasste Akseli Gallén-Kallela, der damalige Superstar des Kunstbusiness, so zusammen: »Ich fühle, dass sich mir bald wieder die wunderbare Welt der Kunst eröffnet, deren Schönheiten ich nach Herzenslust genießen darf. In der Welt, im Leben und in der Natur gibt es gar nichts außer schönen Märchen, und wenn sich die Tür öffnet, geh hinein und fülle deine Seele!«

Im Jahr 1900 durfte das autonome Großfürstentum Finnland mit einem eigenen Pavillon an der Pariser Weltausstellung teilnehmen. Dort gab es eine »Straße der Nationen«, an der die verschiedenen Länder ihre Kulturen vorstellten. Obwohl der finnische Pavillon am weniger schicken Ende dieser Straße lag und mit nur vierhundert Quadratmetern recht klein war, erregte er viel internationale Aufmerksamkeit. Finnlands patriotische Intelligenz bekam endlich ihre dringend ersehnte internationale Anerkennung. Mit seinem Turm, den an Karelien erinnernden Verzierungen und Granit als Grundmaterial sah der Pavillon aus wie eine Mini-Kathedrale des nationalromantischen Gedankens.

Das Gebäude, das von dem Architektentrio Armas Lindgren, Herman Gesellius und Eliel Saarinen geplant worden war, wurde von ausländischen Experten gepriesen, und die Bilder von Akseli Gallén-Kallela, Emil Halonen und Albert Edelfelt, die in der Kuppel des Pavillons ausgestellt waren, wurden von den Völkern der Welt bestaunt. Gallén-Kallela gewann sogar einige Preise für seine Bilder, die, auch das keine Überraschung, Motive aus dem Nationalepos Kalevala darstellten.

Einen Preis gewann bei der Weltausstellung auch die Firma Lignell & Piispanen aus Kuopio, für ihren vorzüglichen Likör aus sogenannten Allackerbeeren, auch arktische Brom- oder Himbeeren genannt.

Bei den Literaten waren die Fackelträger der finnischen Kultur vor allem Eino Leino, Aleksis Kivi und Minna Canth. Kivi gilt mit seinem Roman *Die sieben Brüder* als Begründer der finnischsprachigen Romanliteratur, das Buch ist eine Allegorie auf Finnlands Weg aus den dunklen Wäldern ins Licht der Zivilisation. Eino Leino entwickelte die finnische Lyrik im nationalromantischen Stil weiter und erfand unter anderem das Kalevala-Versmaß. Die frühe feministische Schriftstellerin Minna Canth prangerte in ihren Romanen meist soziale Missstände der damaligen Gesellschaft an.

Von Asteroiden und Waschmaschinen

Finnland hat bisher drei Nobelpreisträger vorzuweisen: Martti Ahtisaari (Frieden, 2008), Artturi Ilmari Virtanen (Chemie, 1945) und Frans Eemil Sillanpää, der noch unter der Zarenherrschaft in Helsinki Naturwissenschaften studierte, dann bei einem Verlag arbeitete und in den frühen Jahren des unabhängigen Finnland freier Schriftsteller wurde. Er beschrieb in seinen Romanen vor allem die Welt der finnischen Kleinbauern. In seinen Büchern passiert deshalb zwar nicht viel, aber die psychologische Einsicht ist so messerscharf, dass er 1939 den Literaturnobelpreis bekam, »für die tiefe Auffassung und erlesene Stilkunst, mit denen er das Bauernleben und die Natur seines Heimatlandes in ihrem gegenseitigen Zusammenhang schildert«.

Sillanpää starb 1964 in Helsinki und gilt zusammen mit Pentti Haanpää als wichtigster finnischer Schriftsteller des frühen 20. Jahrhunderts. Noch mehr als der Nobelpreis wird ihn gefreut haben, dass zu seinen Ehren der Asteroid 1446 auf seinen Namen getauft wurde.

Als die Finnen 2008 über ihr liebstes Buch abstimmten, fiel ihre Wahl auf den historischen Roman *Sinuhe der Ägypter* von Mika Waltari. Das Werk erschien 1945 und wurde schnell ein internationaler Erfolg. Es erzählt vom Sklaven Sinuhe, der zum Leibarzt des Pharao Echnaton aufsteigt, und es wurde mittlerweile in über vierzig Sprachen übersetzt. Michael Curtiz drehte anhand des Romans 1954 das Hollywood-Epos *Der Ägypter*, in dem unter anderem Peter Ustinov eine Rolle hat.

Frans Eemil Sillanpää bekam zwar den Literaturnobelpreis, aber was die Beliebtheit seiner Bücher und die Anzahl der nach ihm benannten Asteroiden angeht, muss er sich Mika Waltari geschlagen geben. Der nämlich hat gleich zwei persönliche Gesteinsbrocken im All: Asteroid 4266 (Mika Waltari) und Asteroid 4512 (Sinuhe).

Wie viele andere kreative Köpfe der damaligen Zeit war Mika Waltari Stammgast im (noch existierenden und einen Besuch werten) Restaurant *Elite* im Helsinkier Stadtteil Töölö, und der Großteil des Sinuhe soll dort entstanden sein. Auf jeden Fall hatte Waltari einen kneipenerprobten, selbstironischen Humor: Einmal äußerte er den Wunsch, man möge nach seinem Ableben zu seinen Ehren ein öffentliches Pissoir in der Innenstadt von Helsinki errichten. Natürlich wurde ihm dieser Wunsch vom Kulturestablishment nicht erfüllt, wie alle anderen Helden bekam auch er nur ein Denkmal.

Während in der Zeit der Nationalromantik, vor allem beim offiziellen (schwedischsprachigen) Nationaldichter Johan Ludvig Runeberg, die Helden der finnischen Literatur noch glorifiziert wurden, sind die Hauptpersonen in Väinö Linnas 1954 erschienenem Roman *Der unbekannte Soldat* realistisch gezeichnet, mit ihren Schwächen, Ängsten und Leidenschaften. Im Mittelpunkt der Geschichte steht eine Maschinengewehrkompanie im Fortsetzungskrieg, und die Handlung ist alles andere als heroisch. Laut ursprünglichem Klappentext ist das Buch »eine Kritik am Krieg und ein Denkmal für den gewöhnlichen finnischen Soldaten«. Besonders entsetzt waren die vaterländischen Kritiker, weil die finnischen Soldaten an der Front sogar Alkohol brauten und sich tüchtig betranken.

Der *Unbekannte*, wie man ihn auch kurz nennt, ist in Wahrheit jedem erwachsenen Finnen bekannt, vor allem auch deshalb, weil er gleich zwei Mal verfilmt wurde. Die Version von Edvin Laine kam schon ein Jahr nach Erscheinen des Romans in die Kinos. Seit dem Jahr 2000 strahlt Kanal 2 des staatlichen Fernsehens den Film immer am 6. Dezember aus, an Finnlands Unabhängigkeitstag, damit in den Wohnzimmern die richtige patriotische Stimmung aufkommt.

Natürlich gibt es auch unzählige Theaterversionen des Unbekannten, die aufwendigste davon sorgte 2007 für einen handfesten Theaterskandal. Der junge Regisseur Kristian Smeds inszenierte den Klassiker auf frische, provokante Art am Nationaltheater in Helsinki und wurde von Teilen der Kritik gepriesen, von anderen verteufelt. Die Geister schieden sich vor allem an den Waschmaschinen, die die Schauspieler Abend für Abend auf der Bühne zertrümmern mussten, um die grausame Sinnlosigkeit und die sinnlose Grausamkeit des Krieges zu illustrieren. Manche Finnen hatten für diesen Grad an Abstraktion keinerlei Verständnis und warfen Smeds vor, er habe ein nationales Kleinod in den Schmutz gezogen.

Das sei dahingestellt – immerhin aber erzeugte das Stück beim Nationaltheater einen logistischen Engpass: Nach der hundertsten Aufführung gingen der Requisite die Waschmaschinen aus. Als insgesamt sechshundert Maschinen auf der Bühne liquidiert worden waren, fehlten noch hundertfünfzig. Das Theater musste Inserate in den Tageszeitungen schalten und die Bevölkerung bitten, ihre alten Waschmaschinen in den Dienst der Kunst und nationalen Kultur zu stellen.

Bis vor Kurzem schien es so, als dauere das Zeitalter der Nationalromantik immer noch an, zumindest in der Literaturszene: Der begehrteste und prestigeträchtigste Literaturpreis Finnlands ist der sogenannte Finlandia-Preis, der mit 30.000 Euro dotiert ist. Zu den Regeln gehörte, dass der seit 1984 verliehene Preis nur an finnische Staatsbürger gehen konnte.

Wenn ein in Australien ansässiger Finne einen Roman in japanischer Sprache geschrieben hätte, hätte er den Preis theoretisch bekommen können, eine auf Finnisch schreibende und seit ihrer Geburt in Finnland lebende Russin oder Estin hätte dagegen keine Chance gehabt. Diese Regeln wurden inzwischen geändert, ab sofort können auch ausländische Schriftsteller den Preis bekommen.

Vielleicht war der chauvinistische Paragraph nur ein Versehen, weil bei der Gründung des Preises niemand damit gerechnet hatte, dass Einwanderer auf die Idee kommen könnten, in finnischer Sprache zu schreiben.

Die Buchmesse in Moskau 2008 war Finnland gewidmet, und eines der vielfältigen Themen war die finnische Einwandererliteratur. Drei von uns waren eingeladen, bei einer Podiumsdiskussion über das Thema zu sprechen und Fragen zu beantworten. Als eine russische Dame aus dem Publikum wissen wollte, warum es in Finnland keine Immigrantenliteratur der zweiten oder dritten Generation gebe, antwortete meine Kollegin Sofi Oksanen schlicht: »Weil unsere Kinder noch nicht schreiben gelernt haben.«

Sofi Oksanen ist derzeit die angesagteste finnische Schriftstellerin, für ihren 2008 erschienenen Roman *puhdistus* (Säuberung) bekam sie den Finlandia-Preis, und das Buch, das vom Schicksal Estlands zur Sowjetzeit erzählt, erscheint bald in anderen, größeren Sprachen. Im Ausland bereits etwas bekannter sind etwa Leena Lehtolainen und Matti Rönkä, beide morden in ihren Krimis in nordisch-kühler Tradition.

Lehtolainens Kommissarin Maria Kallio ist auch deutschen Lesern bekannt, Rönkäs *Grenzgänger* belegte 2007 den dritten Platz beim deutschen Krimipreis.

Big Brother isn't watching you – you're watching Big Brother

Bis zum Jahr 1985 mussten die Finnen, wenn sie Rockmusik hören wollten, immer warten, bis auf einem der staatlichen Kanäle eine der seltenen Sendungen für Jugendmusik ausgestrahlt wurde. Dann aber gründeten ein paar junge Wilde in einer Helsinkier Baracke *Radio City*, Finnlands erstes unabhängiges Radio, das sofort zum Tummelplatz des kulturellen Undergrounds wurde.

Inzwischen gibt es Dutzende privater Radios, und obwohl der staatliche Sender immer noch die meisten Zuhörer hat, ist die Medienlandschaft fest in den Händen von zwei Großen, nämlich in denen der Sanoma-AG, des zweitgrößten Medienkonzerns der Nordischen Länder, und in denen der Alma Media AG. Beide zusammen kontrollieren den Großteil der finnischen Print- und elektronischen Medien.

Medien gibt es im Überfluss und in jeder Form. Das elektronische Zeitalter hat die Zahl der Zeitungen, die in Finnland erscheinen, nicht verkleinert, sondern im Gegenteil durch Senkung der Produktionszeiten und -kosten erhöht. Auch wenn man am Briefschlitz in der Wohnungstür ein Schild mit der Aufschrift *ei mainoksia*, »keine Werbung«, anbringt, erstickt man schier in einer Flut aus Broschüren, Stadtteilzeitungen, Flyern und Prospekten. Mit Papier gehen die Finnen schon seit jeher verschwenderisch um, der Rohstoff dafür wächst ja quasi im eigenen Hinterhof.

Der größte private Aktionär des Sanoma-Konzerns und einer der reichsten Männer Finnlands ist Aatos Erkko. Der

Verleger und Medienmagnat hat standesgemäße Gepflogenheiten: Er ist eines der wenigen erlauchten Individuen in Finnland, denen täglich die beinahe druckfrische *New York Times* auf den Tisch gelegt wird – mit der ersten Maschine des Tages eingeflogen.

Finnisches Fernsehen unterscheidet sich heutzutage bis auf wenige Ausnahmeerscheinungen wie etwa den Unabhängigkeitsball nicht mehr merklich von dem anderer westlicher Kulturen. Es gibt dieselben Realityshows und Formate, Big Brother, Finnland sucht den Superstar, Wer wird Millionär und allerhand andere Serien, bei denen jemand lebende Skorpione essen, mit verbundenen Augen von einer Brücke springen oder seine Flitterwochen von versteckten Kameras dokumentieren lassen muss.

Seit vielen Jahren gibt es in Finnland zwei Langzeit-Seifenopern, die *Heimlichen Leben*, die vom kommerziellen Kanal MTV 3 produziert werden und die *Heimstraße* vom staatlichen Rundfunk YLE. Der kommerzielle Sender liegt mit bisher fast zweitausend Folgen zwar quantitativ in Führung, die staatliche Serie läuft allerdings schon einige Jahre länger, denn sie wird nur einmal wöchentlich ausgestrahlt. Beide Serien werden regelmäßig von einer knappen Million Zuschauern verfolgt, bei einer Bevölkerung von etwa fünf Millionen sind solche Ratings astronomisch. Die *Heimstraße* kann mit Zuschauern prahlen, die bereit sind, sich wirklich für ihre Serienhelden einzusetzen: Als in einer Folge jemand an einer Straßenbahnhaltestelle verstarb (beide Serien spielen in Helsinki), erschienen am Tag nach der Sendung Menschen mit Trauergebinden an dieser Haltestelle.

Ein sympathischer Exportartikel der finnischen Medienbranche sind die *Dudesons*, eine vierköpfige Gruppe von jungen Finnen, die sich mit ihren verrückten Stunts in den letzten Jahren zu internationalem Ruhm geblödelt haben. In ihren Amateurvideos wetten die vier beispielsweise, wer als

Erster von der Polizei verhaftet wird. Der anarchische Humor des Quartetts wurde bisher in mehr als vierzig Ländern ausgestrahlt.

Beinahe einen Oscar

Um den Titel des bisher meistgesehenen finnischen Films streiten sich zwei Produktionen: die 2005 erschienene Sci-fi-Komödie *Star Wreck VI* und *Uuno Turhapuro als Soldat* von 1984, ebenfalls eine Komödie. Uuno Turhapuro ist die Hauptperson in einer ganzen Serie einheimischer Klamaukfilme, und er zeichnet sich außer durch Zahnlücken und zerfetzte Kleider durch äußerst anarchistisches Verhalten aus. Gespielt wird er von Vesa-Matti Loiri, einem der bekanntesten finnischen Schauspieler. *Star Wreck* ist eine Parodie, die von einer Handvoll Studenten in jahrlanger Liebhaberarbeit gefilmt und editiert wurde, sodass die Heimcomputer beim Rendern der Effekte rauchten. Der Film gelangte nicht auf dem traditionellen Weg als Zelluloidkopie in die Kinos, sondern wurde im Internet lanciert und innerhalb kürzester Zeit zum Kultstreifen. Weil die beiden Filme auf so verschiedene Weise an ihr Publikum gelangten, gilt der direkte Vergleich der Zuschauerzahlen als nicht legitim.

Die beste Zeit erlebte der finnische Film nach dem Zweiten Weltkrieg, als Dutzende von abendfüllenden Spielfilmen entstanden, viele davon romantische Komödien oder die Natur und das einfache Leben verklärende, idyllische Epen. Die hellsten Sterne der Leinwand waren damals die an Blondheit nicht zu überbietende Ansa Ikonen und ihr Filmpartner, der Beau Tauno Palo.

Finnische Regisseure arbeiten im Allgemeinen für finnische Produktionsfirmen. Einer aber hat sich bis nach Hollywood verirrt und dreht dort mit wechselndem Erfolg Actionfilme: Renny Harlin, der mit bürgerlichem Namen Lauri Mauritz Harjula heißt und auf dessen Konto Thriller wie *Die Hard 2*, *Cliffhanger* und *Deep Blue Sea* gehen.

Die finnische Filmindustrie ist weitgehend von Subventionen und Koproduktionen abhängig, und jedes Jahr kommen nur wenige einheimische Filme in die Kinos. Immer dabei ist mindestens ein Kriegsfilm über die Ereignisse der Jahre 1939 bis 1945. Das Thema des Bürgerkriegs 1918 hingegen wurde bisher entschlossen ignoriert, wohl deshalb, weil damals nicht wie im Zweiten Weltkrieg aus nationaler Notwehr Russen, sondern in blindem ideologischen Hass Finnen getötet wurden.

Erst 2007 erschien der erste Kinofilm, der den Bürgerkrieg zum Thema macht: *Raja 1918, Die Grenze 1918* erzählt die Geschichte eines jungen, schwedischsprachigen Adligen aus Helsinki, der als Offizier die Aufgabe bekommt, die soeben frisch gezogene Grenze zwischen dem unabhängigen Finnland und dem bolschewistischen Russland zu überwachen.

Der einzige finnische Regisseur, der wirklichen Weltruhm genießt, ist Aki Kaurismäki, der zusammen mit seinem Bruder Mika, ebenfalls Filmregisseur, das Midnight Sun Film Festival gründete. Zu Akis Filmografie gehören unter anderem *Vertrag mit meinem Killer*, *Lichter der Vorstadt* und *Der Mann ohne Vergangenheit*. Er – der Mann ohne Vergangenheit – wurde 2002 für den Oscar für den besten ausländischen Film nominiert, und für sein bisheriges Lebenswerk ist Kaurismäki nicht nur mit allerlei Ehrungen überhäuft, sondern sogar von der Finnischen Akademie 2008 zum offiziellen Akademiker ernannt worden. Auf gut Finnisch heißt das wohl, dass Aki Kaurismäki jetzt Nationalregisseur ist.

Einer seiner Lieblingsschauspieler, Matti Pellonpää, erhielt für seine Arbeit im Kaurismäki-Film in *Das Leben der Bohème* 1993 bei den Berliner Filmfestspielen den Preis als bester europäischer Schauspieler.

Der einzige Finne, dem jemals wirklich ein Oscar überreicht wurde, ist Jörn Donner, und auch er erhielt ihn nicht für sich selbst, sondern holte ihn anstelle von Ingmar Bergman ab, der ihn für den Film *Fanny und Alexander* bekommen hatte und selbst verhindert war. Der Finnlandschwede Donner ist der Produzent des Streifens und auch sonst ein sehr aktiver Mann: Sein erstes Buch veröffentlichte er mit achtzehn, mit einundzwanzig drehte er seinen ersten Kurzfilm, mit vierundzwanzig gründete er das finnische Filmarchiv, mit dreißig gewann er bei den internationalen Filmfestspielen in Venedig den Preis für die beste Erstregie. Später bekleidete Donner dann auch noch Posten als Reichstagsabgeordneter für verschiedene Parteien und als finnischer Konsul in Los Angeles. Inzwischen muss der knapp Achtzigjährige allerdings aus gesundheitlichen Gründen etwas kürzertreten.

Die schlechteste Band der Welt

»Wenn ich nur einen einzigen Gig in der finnischen Rockgeschichte nennen dürfte, wäre das ohne Zögern das gemeinsame Konzert der Leningrad Cowboys und des Chors der Roten Armee in Helsinki 1993. Dieses Konzert symbolisierte das Ende der UdSSR, Finnlands neue Richtung, das Ende der Kekkonen-Ära und das Ende von allem, was auf ewig verschwiegen und unverändert bleiben sollte. Nach diesem Abend waren Finnland und die Welt ein anderer Ort.« So begeistert erinnert sich der finnische Rockguru Juhani Merimaa an den Abend, an dem sich mehr als 50 000 Menschen von Rock 'n' Roll und Uniformen verzaubern ließen.

Das wirklich Hervorragende an den Leningrad Cowboys sind die Haare und die Schuhspitzen. Mato Valtonen, der langjährige Frontman der Cowboys, erzählt: »Einmal musste ich auf einer Achterbahn in Hamburg ein Fernsehinterview geben. Man musste den Take viermal drehen, wegen kleiner technischer Probleme. Am Anfang konnte ich nur in die Kamera brüllen und versuchen, nicht zu kotzen, aber in der letzten Aufnahme sitze ich total cool in der Achterbahn und beantworte entspannt die Fragen. Und die Frisur bewegte sich keinen Millimeter, als ob sie aus Beton gegossen wäre.«

Die Musik der Leningrad Cowboys kann man am besten als eine Mischung aus R'n'R, R'n'B, C&A, S/M, Jazz, Ska, Polka, Walzer, Pop, Reggae und Krav Maga beschreiben, sorgfältig ausgewählt, brillant miteinander verwoben und mit superbem Können und beispielhafter Energie vorgetragen. So zumindest steht es in einem Buch, das 2008 anlässlich des zwanzigjährigen Bestehens der verrückten finnischen Showband erschien.

Auch Filmregisseur Aki Kaurismäki, der den Cowboys mit dem Film *Leningrad Cowboys go America* zu Kultstatus verhalf, ist voll des Lobes: »Die Leningrad Cowboys fingen als schlechteste Rock 'n' Rollband der Welt an. Leider waren sie so erfolgreich, dass sie dauernd auftreten mussten und im Lauf der Jahre gelernt haben, ihre Instrumente zu spielen.«

Während der Dreharbeiten zu *Leningrad Cowboys go America* verbrachte Kaurismäki ganze Tage in einer Bar, während seine Crew und die Schauspieler am Set auf der anderen Straßenseite warteten, fertig zum Drehen, Lampen, Kameras und die wahnwitzigen Haartollen in Position. Irgendwann ging jemand hinüber und fragte den großen Meister vorsichtig, ob man die Szene denn bald drehen könne, denn es war ein recht kalter Tag. Kaurismäki befahl seiner Crew, geduldig zu warten, bis das Licht richtig sei. Das Team entschied, der Meister wolle ihr Durchhaltevermögen auf die Probe stellen und dafür sorgen, dass ihre Gesichter leidend aussahen, wenn der Dreh endlich begänne.

Kaurismäki: »Absoluter Schwachsinn. In der Bar war es warm und gemütlich, und als ich mein Team durchs Fenster in der Kälte zittern sah, beschloss ich schlicht und einfach, dass es keine gute Idee war, hinüberzugehen. Das Ganze hatte mit Kunst nichts zu tun.«

Im Sommer 1994 spielten die Cowboys zusammen mit dem 160-köpfigen Ensemble der Roten Armee im Berliner Lustgarten auf, an dem Tag, an dem die alliierten Truppen aus Berlin abzogen. Während die Westmächte noch ein letztes Mal ihre Kanonen und Raketen vorbeiparadieren ließen, waren die Russen dabei, zu singen, zu tanzen und zu rocken.

Sakke Järvenpää, der Chef des Cowboys: »Nach dem Konzert küssten die Deutschen die russischen Busse und überreichten den Russen Rosen. Sie verabschiedeten sich von ihren Besatzern. Es war wirklich schön, dass wir den Deutschen helfen konnten. Trotzdem fand ich den kalten Krieg besser, denn jetzt haben wir globale Erwärmung.«

Suomirock, Schwermetall und Humppa

Was für die Fennomanen die klassische Musik, das Kalevala und die nationalromantische Architektur waren, war für die Finnen der Nachkriegsgeneration die Rockmusik.

In den Siebziger- und Achtzigerjahren entstand eine Musikrichtung, die heute als *Suomirock* bezeichnet wird. Ihre Wegbereiter waren Interpreten wie Juhani »Juice« Leskinen oder Eppu Normaali, die ihre Songs meist selbst schrieben. Zu den Veteranen des Finnrock gehören auch Pelle Miljoona, die Band Dingo und Hannu Juhani Nurmio, den man auch den »Richter« nennt, weil er Jura studierte, bevor er seine Laufbahn als Berufsrocker einschlug.

Es gibt nicht viele Befindlichkeitsbarden und laue Liedermacher in Finnland – die Finnen mögen es eine Spur härter. Oder lieber noch drei Spuren härter: Überall in Finnland findet man Schwermetall. Heavy-, Speed- Thrash-, Death-

und andere Unterarten der Metalmusik haben erstaunlich viele Adepten. Die Anzahl der Leute, die lange schwarze Haare, T-Shirts mit fünfzackigen Sternen, Nietengürtel und andere Erkennungszeichen der Metalszene tragen, ist beeindruckend.

Das *Tuska Open Air Metal Festival* in Helsinki ist das größte Metalfestival der Nordischen Länder, und auf drei Bühnen wird dort drei Tage lang ohrenbetäubend aufgespielt. Kenner wissen natürlich, dass *tuska* Schmerz, Pein oder Leiden bedeutet.

Aber nicht nur in der Metalszene tut sich viel, auch wer auf Fifties- oder Sixties-Rock und gute alte Twang-Gitarren steht, ist in Finnland gut versorgt, vor allem bei der Band *Agents* mit Topi Sorsakoski als Gesangssolist und Esa Pulliainen, einem finnischen Gitarristen, der zwar sehr kurze, dafür aber umso flinkere Finger hat.

Eine Affinität zu Deutschland lässt sich auch in der etwas härteren Musikszene attestieren: Die beliebteste deutsche Band in Finnland ist Rammstein, und so manches finnische Betonensemble singt oder sang auch gern mal auf Deutsch, so etwa die Heavy-Metal-Band *Trio Niskalaukaus* (Genickschuss), die zwei Alben unter den Titeln *In frostigen Tälern* (2001) und *Hartes Land* (2004) herausbrachte. Geleitet wurde das Trio von Timo Rautiainen, der behauptet, vor allem sein Zivilberuf als Sonderpädagoge qualifiziere ihn für Metalmusik.

Weitaus öfter in Deutschland, Österreich und der Schweiz als zu Hause in Finnland spielen die *eläkeläiset*, die »Rentner«, eine finnische Spaßband, die meist Coverversionen bekannter Hits im schnellen Humppa- oder im etwas langsameren Jenkka-Tanzmusikstil spielt. Nicht immer reicht der Humor der gecoverten Artisten oder ihrer Plattenfirmen aus: Bandmitglieder berichten, dass man ihnen untersagt habe, manche Songs aufzunehmen oder öffentlich vorzutragen, unter anderem *Wind of Change* von den Scorpions.

Apocalyptica ist eine Combo aus Helsinki, die sich selbst als Cello-Rockband bezeichnet. Mit einem Schlagzeug und mehreren Celli interpretiert die Band neben eigenem Material auch vorurteilslos Klassiker aller Musikgenres: von Edvard Grieg über Sepultura bis zu David Bowie. Bis jetzt haben die Rocker mit dem Bogen in der Hand an die tausend Konzerte in etwa fünfzig Ländern gespielt und mehr als drei Millionen CDs verkauft.

Auf den großen internationalen Durchbruch musste die finnische Rock- und Popbranche lange warten. In den Siebzigerjahren versuchten Bands wie *Wigwam* und die *Hurriganes* in England ihr Glück, aber außer Kritikerlob blieb der Erfolg eher mager. Auch die *Hanoi Rocks* schafften es in den Achtzigern nur kurzfristig, ins internationale Bewusstsein zu dringen. Immerhin gingen sie als Urväter des Glam Punk in die Annalen der Musikgeschichte ein.

Erst in den Neunzigerjahren ging es richtig los, und finnische Musiker und Bands wie *DJ Darude, Bomfunk MC, HIM, Waltari, Stratovarius, The Rasmus, Nightwish* und *Negative* verkaufen ihre Alben und Singles in einer Größenordnung, die das finnische Musikbusiness bisher nicht kannte.

Den seltsamsten finnischen Künstler zu bestimmen, ist sehr schwierig. Unter den Kandidaten aber wäre auf jeden Fall der Musiker, Schriftsteller, Schauspieler und Regisseur M. A. Numminen. Das M. A. steht für Mauri Antero, und mit seiner krächzenden Stimme, die nie einen Ton richtig trifft, hat er sich schon vor Jahrzehnten ins Bewusstsein seiner Nation gesungen, durch unzählige Kinderlieder, die er mit seinem langjährigen Freund und Pianisten Pedro Hietanen aufgenommen hat. Dabei waren die beiden als Hase und Katze verkleidet und nannten sich Gommi und Pommi.

Numminen hat sich aber zudem durch herzhaft respektlose Interpretationen von Franz Schubert einen Namen gemacht, auch eine Platte mit dem deutschen Titel *Yes Sir, ich kann Boogie* hat er produziert, sein tiefschürfendstes Werk ist ein Song, dessen Text von dem österreichisch-britischen Philosophen Ludwig Wittgenstein stammt: »Worüber man nicht sprechen kann, darüber soll man schweigen.«

M. A. Numminens Stimme klingt so interessant, dass manche Leute den Raum verlassen, wenn er zu singen anhebt, während andere ehrfürchtig erstarren. In aller Sicherheit kann man seine Gedankengänge und sein Charisma genießen, indem man seine Bücher liest, auf Deutsch sind unter anderem *Tango ist meine Leidenschaft* und *Der Weihnachtsmann schlägt zurück* erschienen.

Ein Künstler der ganz besonderen Art ist der 1978 geborene Rapper Marko Vuoriheimo, besser bekannt unter dem Namen Signmark. Er ist gehörlos und wuchs mit der finnischen Gebärdensprache als Muttersprache auf. Schon in jungen Jahren »schrieb« er Gedichte in Gebärdensprache, wobei das Äquivalent für die Endreime der gesprochenen Sprache harmonische Gesten und Bewegungen sind.

2006 veröffentlichte Signmark sein Debütalbum, zwei Jahre später war er einer der nationalen finnischen Kandidaten für den Grand Prix d'Eurovision. Signmark ist nicht nur Künstler, sondern auch ein Aktivist der Gehörlosenszene. Er wird vom finnischen Gehörlosenverband gesponsert und vertritt die Ansicht, dass man Gehörlose nicht als Behinderte betrachten sollte, sondern als linguistische Minderheit.

Im August 2009 wurde er von Warner Music unter Vertrag genommen. Somit ist er der erste gehörlose Musiker, der einen internationalen Plattenvertrag hat.

Großmachtambitionen

Finnland bezeichnet sich manchmal selbst bescheiden als Großmacht der Musik. Gemeint ist damit die Tatsache, dass überproportional viele finnische Vertreter der klassischen beziehungsweise ernsten Musik über die Landesgrenzen hinaus bekannt werden und Engagements an den wichtigen Häusern der Welt bekommen.

Esa-Pekka Salonen ist derzeit Chefdirigent des Londoner Philharmonischen Orchesters, Osmo Vänskä ist Chefdirigent des Minnesota Orchestra, Mikko Franck hat unter anderem die Münchener und die Berliner Philharmonien dirigiert. Mit jeweils zwei Grammys für ihre Opernaufnahmen wurden die Sopranistin Karita Mattila und ihr Bass-Kollege Martti Talvela ausgezeichnet, die Sopranistin Soile Isokoski wurde 2008 zur »Österreichischen Kammersängerin« ernannt, der Violinist Pekka Kuusisto hat sich außer mit klassischer Musik auch als Jazzer einen Namen gemacht, vor allem zusammen mit dem exquisiten finnischen *Trio Töykeät* (das »unfreundliche« Trio). Auch einige finnische Komponisten kennt man im Ausland, so etwa Einojuhani Rautavaara, Magnus Lindberg und Kaija Saariaho.

Einer der wichtigsten Gründe für die finnische Präsenz in der E-Musik ist die Qualität der Ausbildung, die hier angeboten wird: Die Sibelius-Akademie etwa ist mit 1700 Studenten die größte Musikhochschule der Nordischen Länder. Dabei sitzen die historischen Wurzeln der finnischen E-Musik nicht sehr tief. Aus der Renaissance- und Barockzeit kennt man überhaupt keine finnischen Komponisten, das Musikleben wurde erst gegen Ende der Wiener Klassikperiode geboren. 1790 etwa gründete man die *Turun soitannollinen seura*, die musikalische Gesellschaft von Åbo/Turku, und der einflussreichste Tonsetzer der damaligen Zeit war ein Herr namens Bernhard Henrik Crusell.

Danach brauchte es Fredrik Pacius, einen deutschen Gastarbeiter, um die erste finnische Oper und die finnische Nationalhymne zu komponieren, was dem Immigranten den Titel »Vater der finnischen Musik« einbrachte.

Zwar nicht der Vater, aber der Grand Old Man der finnischen Musik ist und bleibt Jean Sibelius, der auf Fotos und Gemälden mit Glatze und Zigarre meist richtig dräuend dreinblickt und dessen Musik wie keine andere das Aufbruchsgefühl des jungen Finnland verkörperte. Kein Wunder, dass man ihn zum finnischen Nationalkomponisten ernannt hat – ohne »national« geht in Finnland eben nichts.

In den Fünfzigerjahren gelangte der Modernismus nach Finnland und es wurde eifrig mit dem Zwölftonsystem gespielt, etwas später kam es sogar zu einer Renaissance der finnischen Oper, vor allem durch sogenannte Fellmützenopern, die zwar traditionelle Harmonien verwendeten, aber nicht in den für Opern typischen Milieus spielen, sondern soziale Probleme thematisch aufarbeiten. Die bekannteste Fellmützenoper ist der *Rote Strich* nach einem Roman von Ilmari Kianto, komponiert von Aulis Sallinen und 1978 an der Nationaloper in Helsinki uraufgeführt.

Im Tango-Märchenland

Zum ersten Mal nachweislich zum Tango aufgespielt wurde in Finnland am 2. November 1913. Als die Modeneuheit damals in der Hauptstadt vorgestellt wurde, handelte es sich noch um den argentinischen Tango, aber der Rhythmus fiel in Finnland auf solch fruchtbaren Boden, dass die Finnen in kurzer Zeit ihren eigenen musikalischen Stil und eigene Tanzschritte entwickelten. Den Unterschied zum Original erklärt man wohl am einfachsten so: Der argentinische Tango ist eher dramatisch, der finnische eher melancholisch.

Seit mehr als einem Vierteljahrhundert findet in der Provinz Pohjanmaa ein Tangofestival statt, das jährlich mehr als hunderttausend Besucher nach Seinäjoki bringt – außerhalb der Tangosaison hat das Städtchen etwas mehr als fünfzigtausend Einwohner. Jedes Jahr werden hier die Tangokönigin und der Tangokönig gewählt, Vokalinterpreten, die ganz besonders viel Schmelz in der Stimme haben.

Die bekanntesten finnischen Tangos sind *Satumaa* (Märchenland) von Unto Mononen, *Liljankukka* (Die Lilienblüte) von Toivo Kärki und *Punatukkaiselle tytölleni* (Für mein rothaariges Mädchen) von Olavi Virta. Am echtesten klingt der finnische Tango, wenn er um drei Uhr morgens in einer schummrigen Karaokebar vorgetragen wird.

Das Tanzen ist von jeher eine beliebte Art, sich näherzukommen, auch in Finnland. Weil das Tanzen im Wald bei arktischen Witterungsverhältnissen wenig Freude macht, gibt es außerhalb der Städte viele große hölzerne Tanzböden, sogenannte *tanssilavat*. Hier tanzen die Finnen im Sommer miteinander: Foxtrott, Tango und Rock 'n' Roll, aber auch ihre eigenen traditionellen Tänze Jenkka und Humppa.

Städter würden nie einen Fuß auf so einen altmodischen Tanzboden setzen, aber auf dem Land gehören sie noch immer zum Standardprogramm an einem Freitag- oder Samstagabend.

Die Regeln dieser Tanzabende sind jedem bekannt: Man kleidet sich sauber und adrett, setzt seinen besten Benimm auf und wird zum Kavalier oder zur Dame alter Schule. Die Männer entfernen Schlüssel, Telefone und andere harten Gegenstände aus ihren Hosentaschen, die Frauen sammeln ihre Handtaschen am Rand der Tanzfläche, und dann kann's losgehen.

Eine oder mehrere Kapellen spielen zum Tanz auf, und an der Wand des Tanzbodens hängt ein elektrisches Schild, auf dem zu bestimmten Zeiten »Herrenwahl« oder »Damenwahl«

aufleuchtet. Gleichberechtigung auch hier, jeder kommt mal dran und keiner kommt zu kurz. Schließlich waren und sind solche Veranstaltungen für viele die beste Chance, seine oder seinen Zukünftigen kennenzulernen.

Natürlich gibt es bei diesen *lavatanssi*-Abenden auch etwas zu essen und zu trinken. Zeichen von Betrunkenheit zu zeigen, ist hier aber verpönt. Wichtig ist, dass man noch ohne Ausfälle tanzen und flirten kann. Außerdem sind viele dieser Tanzböden so weit von der nächsten Ortschaft abgelegen, dass man sie nur mit dem Auto erreichen kann.

Vorsicht: Wenn Sie ein Mann sind, nicht tanzen können oder wollen und in Finnland das Wort *naistentanssit* sehen, machen Sie sich schnell aus dem Staub. Naistentanssit sind Tanzabende, an denen ausschließlich Frauen Männer zum Tanz auffordern dürfen und es für die anwesenden Männer äußerst unhöflich ist, nicht einzuwilligen. Ich wollte einmal auf einer Vortragsreise in einem finnischen Kleinstadthotel noch auf ein Gutenachtbier in die Hoteldisco und wurde aufgrund meiner kulturellen Inkompetenz die nächsten drei Stunden auf der Tanzfläche von einer Dame zur nächsten gereicht.

Kühe aus Blech und muskulöse Männer

Wenn Sie in Finnland irgendwo an einer Straße eine überlebensgroße bunte Kuh sehen, die aus Autoteilen zusammengeschweißt ist, dann haben Sie ein Werk der Künstlerin Miina Äkkijyrkkä erblickt.

Sie hat sich, vermutlich auch deshalb, weil sie neben dem Kunststudium auch eine Ausbildung als Rinderfachfrau abgeschlossen hat, auf Kühe als Sujet spezialisiert. Sie macht Kühe aus den verschiedensten Materialien, bekam dafür 2002 den staatlichen Kunstpreis und hat auch für Marimekko, die bekannteste finnische Textilfirma, ein Kuhmotiv designt. Frau

Äkkijyrkkäs Nachname heißt übrigens »jäher Abgrund«, früher hieß sie mit Nachnamen Loiva, etwa »flach abfallender Hang«, aber dieser Name war ihr wohl nicht inspirativ genug.

Sie beschäftigt sich nicht nur künstlerisch, sondern auch ganz konkret mit Kühen. Besonders eine traditionelle finnisch-sibirische Rasse namens *kyyttö* hat es ihr angetan. Dieses Rind ist inzwischen von anderen Sorten fast verdrängt worden, es gibt nur noch weniger als 400 Exemplare davon, und Miina Äkkijyrkkä sammelt die Tiere, um sie vor dem Aussterben zu bewahren. Auf einem Gutshof in der Nähe von Helsinki lebt sie mit ihrer Menagerie von lebenden und selbst gemachten Kühen zusammen.

Eine ihrer lebenden Kühe spielte die Hauptrolle in dem 1979 entstandenen Film *Natalia* des Regisseurs Matti Kassila. Der Film ist eine Satire über die Finnlandisierung und den staatlich verordneten Enthusiasmus, mit dem gute nachbarschaftliche Beziehungen zur UdSSR gepflegt werden. Eine sowjetische Kuh verirrt sich auf die finnische Seite der Grenze. Zunächst weiß man nicht, woher das Tier kommt, aber als klar wird, dass die Kuh Bürgerin der großen und mächtigen Union der Sozialistischen Sowjetrepubliken ist, beschließt man, das Tier zurückzubringen, was nach vielen komödiantischen Verwicklungen auch gelingt.

Einer der international bekanntesten finnischen bildenden Künstler ist Touko Laaksonen, der 1991 in Helsinki starb. Der Name sagt nicht vielen etwas, denn man kennt den gelernten Werbegrafiker international unter dem Namen Tom of Finland. Mit neunzehn Jahren kam Laaksonen aus seinem Heimatstädtchen Kaarina nach Helsinki und lernte die Schwulenszene der Hauptstadt kennen. Es herrschte Krieg, und in den verdunkelten Nächten traf er heimlich Männer, darunter auch Soldaten der deutschen Wehrmacht, deren Uniformen ihn inspirierten.

Laaksonen hat eine eindeutige Handschrift, wenn man seine Matrosen, Biker, Flößer und muskulösen Lederschwulen sieht, weiß man sofort, aus wessen Feder die Bilder stammen. Heute sind seine prallen Fetischzeichnungen nicht nur unter Homosexuellen bekannt, auch die etablierte Kunstszene hat sich seiner längst angenommen: Es gibt einen preisgekrönten Dokumentarfilm über ihn, man veranstaltet Retrospektiven, eine französische Firma lancierte einen Tom-of-Finland-Duft, zuletzt waren seine Werke bei der Biennale in Venedig 2009 zu sehen, wo besonders seine Kopie von Michelangelos David mit ihrem deutlich vergrößerten Phallus das Publikum erbaute.

Nichts Altes wird neu geboren

Mit finnischen Architekten ist es wie mit allem in Finnland: Es gibt sie, und sie sind mindestens genauso gut wie die Architekten anderer Länder, aber es gibt eben etwas weniger davon. Und vermutlich kosten sie auch das Doppelte.

Die drei Freunde Gesellius, Lindgren und Saarinen bauten wie auch einige ihrer Kollegen zunächst Gebäude im wuchtigen nationalromantischen Stil. Besonders in Helsinki kann man viele ihrer Bauten bewundern. Die meisten haben aus Granit gehauene Eingänge wie mittelalterliche Trutzburgen. In den Zwanziger-, spätestens in den Dreißigerjahren schwenkten die Granitpatrioten dann zum Funktionalismus über, ihre Formen wurden schlichter und schlanker, ihre Gedanken wandten sich von den beeindruckenden Fassaden ab und dem Wohlbefinden der Bewohner zu.

Eliel Saarinen brachte es am weitesten, er wurde sogar bis in die USA bekannt. Bei einem Wettbewerb für einen Wolkenkratzer (das neue Hauptgebäude der Zeitung *Chicago Tribune*) wurde er Zweiter. Sein Entwurf wurde zwar nicht gebaut, aber der zweite Platz brachte ihm so viel Anerkennung ein, dass er für die Stadt Chicago einen Bebauungsplan für ein Strandgrundstück entwickeln durfte.

Sein Sohn Eero war dreizehn, als die Familie auswanderte, auch er wurde Architekt und übertrumpfte seinen Vater gründlich, zumindest was die Größe seiner Gebäude angeht: Eero Saarinen entwarf unter anderem den Gateway Arch in St. Louis, den internationalen Flughafen Washington-Dulles und die Kapelle des MIT in Boston. Sein bekanntestes Werk ist das 1962 fertiggestellte TWA-Terminal des New Yorker John-F.-Kennedy-Flughafens.

Es gibt finnische Architekten, und dann gibt es Alvar Aalto. So wie Jean Sibelius einsam über der finnischen Musik thront, thront er einsam auf dem Olymp der Baukunst. Neben Walter Gropius, Mies van der Rohe, Frank Lloyd Wright und Le Corbusier zählt er zu den bedeutendsten Architekten des 20. Jahrhunderts, und für die Finnen ist es Ehrensache, etwa die Fassade der von ihm erdachten Finlandia-Halle mit neuen weißen Marmorplatten auszukleiden, wenn dies wieder mal erforderlich wird. Inzwischen benutzt man zwar preiswertere und dauerhaftere Platten als zu Aaltos Lebzeiten, aber er wäre sicher damit einverstanden, schließlich schrieb er im Jahr 1921: »Nichts Altes wird neugeboren. Doch vergeht es auch nicht völlig. Und das, was einmal gekommen ist, kommt immer wieder in einer neuen Form zurück.«

Aalto gilt als Begründer der sogenannten humanen Architektur, und zu Deutschland hatte er eine besondere Beziehung. Außerhalb seiner finnischen Heimat befinden sich in Deutschland die meisten seiner Bauten, unter anderem das Kulturzentrum in Wolfsburg und das Aalto-Theater in Essen (geplant 1959, 1988 fertiggestellt).

Außer ganzen Gebäuden entwarf Aalto auch Möbel, Lampen und Gebrauchsgegenstände wie Waschbecken, Türklinken oder gar Spucknäpfe. Seine amöbenförmige Vase ist ein echter Klassiker und in allen Größen, Höhen und Farben erhältlich. Man findet sie überall, und sie wird nicht nur als Blumenvase, sondern auch als Schirmständer, Müslischale oder Aschenbecher verwendet.

Trotz Aalto begann Finnisches Design erst in den Fünfziger- und Sechzigerjahren zu einem Begriff zu werden. Verantwortlich hierfür waren Designer wie Kaj Franck, Saara Hopea, Timo Sarpanneva und Tapio Wirkkala. Ein Jahrzehnt später war Yrjö Kukkapuro der Star der finnischen Designerwelt. Seine bekannteste Kreation ist ein Drehstuhl mit Namen Karussell. Kukkapuro und seine Stühle haben zahlreiche Preise gewonnen, der Atelier-Sessel hat es sogar bis in die Sammlung des New Yorker Museum of Modern Art gebracht.

Einige wenige Firmen bilden den Hintergrund der finnischen Designkultur, und sämtliche Designer haben irgendwann einmal für eine oder mehrere dieser Firmen Objekte entworfen. Die ehrwürdigsten Markenzeichen sind Iittala und Nuutajärvi (Glas), Arabia (Porzellan), Hackman (Küchenaccessoires), Fiskars (Scheren, Messer, Äxte). Allen voran aber ist die Firma Marimekko Gegenstand des nationalen Stolzes, ein Unternehmen, das 1951 gegründet wurde und die modebewussten Finninnen und Finnen seither mit einheimischem Textildesign beglückt. Aus einem unerfindlichen Grund haben mindestens die Hälfte dieser Entwürfe Streifen, Finnen müssen eine kollektive Affinität zu gestreiften Textilien haben. Immerhin gibt es als Alternative seit einigen Jahren das Kornblumendesign, das sich anders als die Streifen nicht nur auf Kleidungsstücke beschränkt; sogar Fernsehgeräte und Autos mit dem Muster gibt es.

Längst entsteht auch finnisches Design nicht mehr in Werkstätten, in denen die Funken fliegen, sondern in Büros und an Bildschirmen. Die aktuelle Generation von finnischen Designern kennt zwei besonders helle Sterne: Harri Koskinen, der dem nordischen Design unter anderem mit seiner in einen Glasblock eingegossenen Block-Lampe und anderen minimalistischen Einrichtungsgegenständen eine neue Interpretation abgewinnen konnte, erhielt 2004 in Italien den Goldenen Kompass, was in etwa der Nobelpreis der Designwelt ist. Die Lampe ist selbstredend ebenfalls im Museum of Modern Art zu bewundern.

Stefan Lindfors interessiert sich nicht so sehr für die strenge, sondern mehr für die spielerische Seite des Designs. Er designte außer Möbeln und Textilien auch ein Nachrichtenstudio für den finnischen Rundfunk, er machte Regie für Fernsehwerbung und für das Musikvideo *Funeral of Hearts* der Band HIM, er unterrichtet an verschiedenen Hochschulen – und sein neuester Streich ist eine Auftragsarbeit für einen finnischen Sexspielzeughersteller, ein Dildo mit dem verführerischen Namen Serpent.

Die dunkle Seite –
Die finnische Depression

»Am wohlsten fühlt sich ein Finne, wenn er alleine in der dunklen Sauna sitzt und über den Tod nachdenkt.«

Der Gitarrenlehrer meiner Kinder promovierte vor einigen Jahren zum Doktor der Musikwissenschaften. In seiner Dissertation untersuchte er 224 einheimische Hits aus den Jahren 1929–1996. Der Aspekt, unter dem er die Songs betrachtete, war: Welche archetypischen musikalischen Züge haben sie gemeinsam? Gibt es melodische oder strukturelle Gemeinsamkeiten? Welche musikalischen Elemente machen eine Goldene Platte aus? Das Allererste, was ihm bei der Analyse auffiel: Achtzig Prozent der finnischen Erfolgssongs sind in Moll geschrieben.

Nein, die Finnen sind ganz bestimmt nicht das, was man als fröhliches, lebenslustiges Völkchen bezeichnen würde, und die meisten wollen es auch gar nicht sein. Dem Leben misstrauisch und pessimistisch entgegenzutreten und grundsätzlich davon auszugehen, dass sowieso alles schiefläuft, schützt vor bösen Überraschungen und davor, sich selbst oder anderen naiv auf den Leim zu gehen. Wer Hartes gewohnt ist, ist hart im Nehmen und macht sich von vornherein in geduckter Haltung auf Schläge gefasst. Die Kunst, existenziell, aber mit stoischer Würde am Leben zu leiden, wird von vielen Finnen kultiviert. Wem es schlecht geht, der ist gefeit vor Neidern. Wem es gut geht, der tut gut daran, dies zu verbergen. An einer handfesten klinischen Depression oder akutem Burnout zu leiden ist salonfähig und wird allgemein akzeptiert – wer aber zu viel und zu laut lacht, wird schräg angesehen.

Die im Dunkeln sieht man nicht

Spätestens Anfang November fällt in Helsinki an der Südküste Finnlands der erste Schnee. Im Mai verschwinden die letzten weißen Flecken aus der Landschaft. Vom ersten bis zum letzten Schnee dauert es also glatte sechs Monate, und je weiter man nach Norden kommt, desto länger wird der finnische Winter. Das Schlimme daran sind nicht die Temperaturen, gegen Kälte und Nässe kann man sich durch angemessene Kleidung schützen. Das wirklich Harte am finnischen Winter ist die Dunkelheit.

Um die Weihnachtszeit herrschen in Helsinki täglich neunzehn Stunden Nacht und fünf Stunden Tageslicht. Dabei muss man sich dieses sogenannte Tageslicht allerdings als ein düsteres Bleigrau vorstellen. Wenn Schnee liegt, wird das wenige Licht, das noch vom Himmel kommt, durch die Reflexion ein bisschen verstärkt, aber hell wird es dennoch nicht. In Lappland, dem Drittel Finnlands, das nördlich des Polarkreises liegt, scheint im Sommer zehn Wochen lang die Sonne, im Winter wird es dafür zehn Wochen lang nicht hell. Im Sommer braucht man in diesen Breiten extradicke Vorhänge, um nachts schlafen zu können, im Winter würde man ohne elektrisches Licht zum Grottenolm.

Offiziellen Angaben zufolge leiden etwa zehn Prozent der Bevölkerung an *kaamosmasennus*, der sogenannten Winterdepression oder noch schicker ausgedrückt einer saisonal-affektiven Störung. Jeder, der einen ganzen Winter in Finnland verbracht hat, weiß, dass diese Zahl beschönigt ist. An der Winterdepression leiden nicht zehn Prozent der Finnen, sondern hundert. Man geht gebückt, den Blick zu Boden gesenkt, und versucht, der feindlichen Umwelt möglichst wenig Angriffsfläche zu bieten, physisch und psychisch. Man ist ständig müde, auch wenn man genug schläft, man ist reizbar, viele erhöhen ihren Alkoholkonsum während der Wintermonate drastisch, manche werden Opfer von pathologischem Kohlehydratheißhunger und wiegen im Frühling dann zehn Kilo mehr, manchen vergeht der Appetit und sie fallen während der dunklen Jahreszeit vom Fleisch.

Angeblich ist es ein Mangel am Botenstoff Serotonin, der zu Depressionen führt. Dieser Stoff, der uns wach, aktiv und dynamisch macht, wird im Gehirn produziert und abhängig von der Tageszeit und der erhaltenen Lichtmenge ins Blut abgegeben. Die Medizin empfiehlt, dem Phänomen mit Lichttherapie entgegenzuwirken. Tatsächlich gibt es in manchen finnischen Cafés, Friseur- oder Schönheitssalons grell strahlende Therapieleuchten, aber so richtig durchsetzen konnte sich diese Methode des Aufhellens nicht. Vielleicht liegt es daran, dass man sich vor so einer Leuchte vorkommt wie beim Zahnarzt.

Da ist es doch viel einfacher, täglich eine Pille zu schlucken, dann ist man zwar immer noch deprimiert, aber es macht einem nichts mehr aus. Zwei der drei meistverkauften Arzneimittel in Finnland sind Medikamente gegen Psychosen.

Mord und Totschlag

In den meisten westeuropäischen Staaten werden die Kriminalstatistiken von Eigentumsdelikten verschiedener Art angeführt, in Finnland dominieren Gewaltdelikte – und fast immer ist Alkohol im Spiel. Die statistische Korrelation von Alkoholkonsum und Gewalt ist natürlich ein universales Phänomen, aber in Finnland ist sie besonders augenfällig und besonders düster. Mehr als die Hälfte aller Gewaltverbrechen werden unter Alkoholeinfluss begangen, bei den Tötungsdelikten sind es sogar achtzig Prozent. Und nicht nur die Täter, sondern auch die Opfer haben meist mehrere Promille im Blut.

Finnische Mordkommissionen kommen nur sehr selten in den Genuss, komplizierte, von langer Hand und clever vorbereitete Verbrechen aufzuklären, meist werden sie gerufen, um die hässlichen Reste einer Affekttat oder eines außer Kontrolle geratenen Beziehungs- oder Familienzwists zu begutachten.

Im Wesentlichen gibt es den typisch finnischen Mord in zwei Ausführungen. Ein Klassiker ist ein Umtrunk mit Freunden, der in einen Streit ausartet und mit einer Leiche endet. Oft sitzt dann ein ernüchterter Täter im Gefängnis, der um seinen besten Freund trauert. Und was den schicksalhaften Abend angeht, kann er sich nur noch daran erinnern, dass es in seinem Kopf irgendwann plötzlich knacks machte. Sowohl Täter als auch Opfer sind meist Männer, die sowieso schon am unteren Rand der Gesellschaft leben, oft handelt es sich um Obdachlose, denen die Alkoholsucht die Lebensgrundlage entzogen hat.

Die zweite typische Variante ist der Familien- oder Beziehungsmord. Dieser geschieht meist zu Hause, und hier sind es fast immer Frauen, die zu Opfern werden.

Betrunken auszurasten ist eine finnische Spezialität. In Schweden und Norwegen, die Finnland vom Klima, von der

Gesellschaftsstruktur und von der Alkoholkultur her ähnlich sind, geschehen zwei- bis dreimal weniger Morde. Je mehr in Finnland getrunken wird, desto gewalttätiger geht es zu. In den letzten hundert Jahren folgte auf jede Spitze im Alkoholverbrauch auch eine Spitze bei den Tötungsdelikten. Die brutalste Periode waren die Zwanzigerjahre des letzten Jahrhunderts, damals kamen in Finnland dreimal mehr Menschen auf gewaltsame Weise ums Leben als heute. Eine zweite Mordwelle war 1969 zu verzeichnen, als der Vertrieb von Bier im Einzelhandel erlaubt wurde und es über Nacht 17 000 neue Geschäfte gab, in denen man Alkohol kaufen konnte. Und auch im Jahr 2004 war, nachdem die Steuer für hochprozentige Alkoholgetränke gesenkt wurde, ein Anstieg der Gewaltverbrechen und Tötungen zu verzeichnen.

Meist wird das Gift selbst beschuldigt, jeder Finne kennt das Wort *rähinäviina*, Radauschnaps, also der Schnaps, der das Knacksen im Kopf auslöst und die Selbstkontrolle außer Kraft setzt. Aber es liegt natürlich nicht am Getränk selbst, sondern an verschiedenen Faktoren, nicht zuletzt daran, dass es sozial akzeptiert ist und als normal empfunden wird, wenn Menschen unter Alkoholeinfluss laut werden.

Seit Neuestem verdächtigt man ein Gen namens Maoa, auch das Kriegergen genannt, das für Impulsivität und Aggression verantwortlich sein soll und zusammen mit Alkohol offenbar einen brisanten Cocktail bildet. Eine gemeinsame Studie der Universitäten von Helsinki und Kuopio untersuchte 174 aktenkundige finnische Gewaltverbrecher. Bei 97 fand sich das gefährliche Gen, also bei über der Hälfte. Und leider kommt es nicht nur bei aktenkundigen Gewaltverbrechern vor; Finnland hat einen überdurchschnittlich hohen Anteil an Trägern des Maoa-Gens: Man schätzt, dass bis zu sechzig Prozent aller finnischen Männer es in ihrer Erbmasse haben.

Ob der Hang zur Gewalt nun genetisch, sozial oder klimatisch bedingt ist, wird die Menschheit vielleicht nie erfahren, aber er existiert, das ist unumstritten. Zur Verdeutlichung ein Mysterium, das sich vor etwa zwanzig Jahren in Mittelfinnland ereignete: Vier befreundete Männer fuhren aufs Sommerhäuschen, um ein gemütliches Wochenende mit Fischen, Kartenspielen und Trinken zu verbringen. Was die vier dort wirklich taten, ist nicht nachvollziehbar, jedenfalls rief einer von ihnen am Sonntag in den frühen Morgenstunden die Notrufnummer an und bestellte einen Notarztwagen. Als der Notarzt ankam, musste er als Erstes Verstärkung anfordern: Alle vier Männer hatten Stichverletzungen und mussten zur Behandlung in die Poliklinik gebracht werden. Die Polizei verhörte die Freunde, es gelang den Beamten aber nicht, aus ihnen auch nur ein Sterbenswörtchen über die Ereignisse der vergangenen Nacht herauszulocken. Entweder verweigerten sie die Aussage oder behaupteten, sich an nichts erinnern zu können. Also durchsuchte die Polizei auf der Suche nach Indizien das Sommerhäuschen und fand dort Blutspuren aller vier Opfer. An einem einzigen Messer.

Steine, Birkenklötze, Feuerwaffen

Der wohl bekannteste Fall der finnischen Kriminalgeschichte sind die Morde vom Bodom-See. Im Sommer 1960 wurden drei Jugendliche ermordet, während sie in ihrem Zelt schliefen. Jemand hatte ihnen mit einem großen Stein die Schädel zertrümmert. Ein viertes jugendliches Opfer, Nils Wilhelm Gustafsson, überlebte mit schweren Kopfverletzungen. Obwohl die Polizei sich alle Mühe gab und der Fall monatelang die finnische Öffentlichkeit beschäftigte, wurde der Fall nicht aufgeklärt. Vierundvierzig Jahre nach dem Verbrechen, im Jahr 2004, musste Gustafsson überraschend doch noch unter Mordverdacht in Haft, aber ein Jahr darauf wurde er wegen Mangels an Beweisen freigesprochen. Bis heute weiß man nicht, wer den dreifachen Mord begangen hat, aber vergessen ist er nicht. Eine finnische Metal-Band, die auch im Ausland Erfolg hat, nennt sich nach den Opfern *Children of Bodom*.

Apropos Metal: Als haarsträubendstes Verbrechen der finnischen Kriminalgeschichte gilt der sogenannte Müllkippenmord in der Stadt Hyvinkää. Vier Jugendliche beziehungsweise junge Erwachsene, die einem Satanskult angehörten, folterten 1998 einen jungen Mann, wobei sie Musik einer norwegischen Black-Metal-Band hörten. Dann töteten sie ihr Opfer und aßen es im Zuge eines selbst choreografierten Rituals auf. Zumindest Teile davon: Der Fall wurde ruchbar, als auf einer Müllkippe ein abgetrenntes Bein gefunden wurde.

Die letzte Hinrichtung zu Friedenszeiten fand in Finnland schon 1825 statt, nach dem damals noch geltenden Recht des zaristischen Russlands. Der Knecht Tahvo Putkonen hatte drei Jahre zuvor den Pachtbauern Lasse Hirvonen umgebracht, indem er ihm einen Birkenklotz ins Gesicht schlug. Hierfür wurde Putkonen mit einer Axt geköpft. Zusätzlich wurde ihm eine Geldstrafe von vierundzwanzig Talern aufgebrummt, für Missachtung des Gerichts, betrunkenes Verhalten und Störung der Sonntagsruhe. Und damit seine Strafe ihn noch überdauerte, durfte er nicht auf dem Kirchhof beerdigt werden. Nach Putkonens Tod wurde die Todesstrafe abgeschafft und durch Verbannung nach Sibirien ersetzt, was allerdings meist denselben Effekt auf den Delinquenten hatte.

Die drei Staaten mit der höchsten Feuerwaffendichte der Welt sind die Vereinigten Staaten von Amerika, der Jemen – und Finnland. Schießeisen sind in Finnland allgemein verbreitet und erstaunlich leicht zu bekommen. Wer die Mitgliedskarte eines Schießclubs oder einen (selbstverständlich leicht erhältlichen) Jagdschein vorzuweisen in der Lage ist, kann sich problemlos mit persönlicher Artillerie eindecken. Die Kontrolle ist gelinde gesagt lax, wie diese Meldung der finnischen Nachrichtenagentur STT verdeutlicht:

»Eine Mehrheit der Reichstagsabgeordneten ist dafür, dass das Abfeuern von Feuerwaffen unter Alkoholeinfluss gesetzlich verboten wird. Ein im Reichstag eingebrachter Gesetzentwurf sieht vor, dass eine 0,5-Promillegrenze eingeführt wird, wie sie auch für Kraftfahrzeuge und Motorschlitten besteht.«

Diese erfreuliche Botschaft ist nicht etwa historisch, sondern sie stammt vom Mai 2009. Da fühlt man sich doch gleich viel sicherer.

Mobbing

An finnischen Arbeitsplätzen und Schulen geht es nicht besonders friedlich zu, auch in der Mobbing-Statistik zeigt sich Finnlands dunkle Seite. Die Gewalt ist zwar meist »nur« psychischer Art und manifestiert sich in Form von Diskriminierung, Ausgrenzung, Beschimpfungen und Erniedrigung, aber dennoch fügt sie der finnischen Volkswirtschaft, so die Behörden, messbaren Schaden zu, schon allein in Form von erhöhten Krankenständen, Kündigungen und Frühpensionierungen.

Beim Mobbing im Arbeitsleben gehört Finnland mit der doppelten für Europa üblichen Rate zu den Spitzenreitern. Ein Fünftel aller finnischen Angestellten gibt an, am Arbeitsplatz schikaniert, gequält oder zumindest seelisch verletzt zu werden.

Dahingestellt sei allerdings, wie verlässlich solche Statistiken sind, denn in verschiedenen Kulturen drücken sich die Menschen verschieden aus. Vielleicht beschweren sich die Finnen ja einfach nur mehr als andere Völker, vielleicht fühlen sie sich schneller sozial belästigt als andere Kulturen.

Wenn alle Stricke reißen

Im Jahr 2005 belegte Finnland Platz 15 der weltweiten Suizidstatistik. Konkret heißt das: Jeden Tag begehen drei Finnen Selbstmord. Vor allem Jugendliche und alte Menschen sterben oft durch die eigene Hand, und in vier von fünf Fällen sind es die Männer, die zum Tod als letztem Heilmittel greifen. Auch die Dunkelziffer ist erheblich, vermutlich hat ein guter Teil der Verunfallten, Ertrunkenen und der Vermissten ihrem Leben selbst ein Ende gesetzt. Leider gibt es auch regelmäßig sogenannte erweiterte Selbstmorde, Fälle, in denen etwa ein verzweifelter Familienvater seine Frau, seine Kinder und zuletzt sich selbst tötet.

Im Jahr 2002 explodierte in einem Einkaufszentrum in der Hauptstadtregion die selbst gebastelte Bombe eines neunzehnjährigen Chemiestudenten, tötete acht Menschen und verletzte achtzig. Der Student kam dabei selbst ums Leben, und die Motive des Anschlags sind bis heute ungeklärt, man weiß nicht, ob es sich dabei um einen Unfall oder eine vorsätzliche Tat handelte.

Im November 2007 schoss im Städtchen Jokela ein Schüler auf Lehrer und Mitschüler und tötete vor seinem Selbstmord acht Personen. Knapp ein Jahr später erschoss ein Schüler in Kauhajoki zehn Menschen und tötete sich anschließend selbst. Diese Bluttaten erschütterten die Nation, vor allem auch, weil sie in so kurzem Zeitraum hintereinander geschahen. Nach dem zweiten Amoklauf ging man auf breiter Front in sich, diskutierte wochenlang, was eigentlich los sei »mit uns Finnen«, woran die Vereinsamung, Isolation und Perspektivlosigkeit solcher Jugendlicher liegen könne, was Eltern bei der Erziehung ihrer Kinder falsch gemacht hätten, was der Staat und der Einzelne tun könnten, um solche Attentate zu verhindern – und natürlich kam außer Betroffenheit nicht viel dabei heraus. Immerhin: Am Tag nach dem Unglück hielt es sogar Finnlands auflagenstärkste Tageszeitung *Helsingin Sanomat* für angebracht, dem tragischen Ereignis die Titelseite zu widmen, anstatt diese wie an allen anderen Tagen des Jahres mit Werbung zu füllen.

Nach den Amokläufen erhielten finnische Schulen und Berufsschulen Hunderte von anonymen Drohungen, in denen vor neuen Massentötungen gewarnt wurde. Wochenlang betraten viele Tausend Schülerinnen und Schüler in Finnland ihre Schulen mit einem mulmigen Gefühl.

Vielleicht liegt es ja wirklich am Licht- und Sonnenmangel. Jamaika hat etwa halb so viele Einwohner wie Finnland, und es lag in der traurigen Statistik auf Platz 95 – mit exakt null Selbsttötungen im Vergleichszeitraum.

Womöglich hat es aber auch etwas mit der Sprache und der zugrunde liegenden Hirnchemie zu tun: Ungarn und Estland, wo verwandte Sprachen gesprochen werden, liegen auf den Plätzen 6 und 14.

Seit knapp zwanzig Jahren haben die Opfer von Selbsttötungen in Finnland sogar einen eigenen Gedenktag, und damit keine zu gute Stimmung aufkommt, wird dieser im November begangen, wenn Finnland am trostlosesten aussieht.

Für alle Fälle: Sollte dieses Buch auf seinen Irrwegen in die Hände einer Person geraten, die sich mit Selbstmordgedanken trägt, dann möchte ich dieser die Worte des großen österreichischen Denkers Johann Nepomuk Eduard Ambrosius Nestroy ans Herz legen: »Wenn alle Stricke reißen, häng ich mich auf.«

Kein Geschlecht, keine Zukunft –
Die finnische(n) Sprache(n)

Beim Erstkontakt mit der finnischen Sprache ist man als Fremder konsterniert. Man versteht absolut nichts, nicht ein einziges Wort. Während es in so gut wie allen anderen europäischen Sprachen möglich ist, die einzelnen Werte zu erraten, wenn jemand die Zahlen von eins bis zehn aufsagt, klappt auf Finnisch nicht einmal das: yksi, kaksi, kolme, neljä, viisi… Das könnte alles Mögliche heißen oder auch gar nichts.

Geschriebenes Finnisch sieht auf den ersten Blick so aus, als habe sich ein Kind auf die Tastatur eines Computers gesetzt und dadaistischen Buchstabensalat produziert: Syksy. Syntyy tyly pyry, myrskyn rytkytys yltyy. Nyt tyydyn ryyppyyn. Wörtlich übersetzt: »Herbst. Ein unfreundlicher Windstoß erhebt sich, das Rütteln des Sturms wird stärker. Jetzt begnüge ich mich mit einem Schnaps.«

Finnisch, darauf sind die Finnen stolz, wird genauso ausgesprochen, wie es geschrieben wird. Nur dass das eben schier unmöglich ist, schon beim Rezitieren des obigen Herbstgedichts sieht man aus wie ein gestrandeter Goldfisch. Meine ersten Jahre in Finnland waren sehr schmerzhaft, denn beim

Sprechen benötigt man Muskeln, von deren Existenz man vorher gar nichts wusste. Beim Schreiben auf einer Tastatur auch. Glücklicherweise hatte ich damals einen Nachbarn mit dem kernigen Namen Yrjö Äystö, und jedes Mal wenn ich nach Hause kam, sprach ich diesen Namen wie ein Mantra dreimal laut aus – er enthält alle Halsverrenkungen, die man braucht, um Finnisch einigermaßen korrekt auszusprechen. Und Yrjö heißt übrigens Georg.

Einmal versuchte ich zusammen mit einem Finnen, Wörter mit möglichst vielen aufeinanderfolgenden Doppelbuchstaben zu finden. Nach nur wenigen Drinks fanden wir eines, in dem sage und schreibe acht konsekutive doppelte Buchstaben vorkamen – nur leider kann ich mich weder an dieses Wort noch an den Namen meines Zufallsbekannten erinnern. Ärgerlich, vor allem deshalb, weil er sich damals einen Zwanziger von mir borgte. Erinnern kann ich mich aber an das Wort *päätteellään* (mit/an seinem/ihrem Computerterminal), und das hat immerhin fünf aufeinanderfolgende Doppelbuchstaben.

Kurz: Die meisten Sprachen sehen ziemlich verrückt aus und klingen merkwürdig, wenn man sie rückwärts schreibt oder rückwärts spricht. Bei Finnisch macht das überhaupt keinen Unterschied.

Ugrisch für Anfänger

Finnisch hat den Ruf, eine extrem schwere Sprache zu sein. In Wahrheit gibt es natürlich weder leichte noch schwere Sprachen. Keine Gemeinschaft von Menschen auf der Welt ist je so dumm gewesen, sich eine Sprache zuzulegen, die schwer zu lernen oder schwer zu benutzen ist. In jeder Kultur sprechen schon Fünfjährige fließend mindestens eine Sprache, ohne jemals von Grammatik gehört zu haben.

Die Finnen allerdings haben sich an ihren urgeschichtlichen Lagerfeuern eine Sprache ausgedacht, die sich vorsichtig gesagt völlig von den meisten anderen in Europa handelsüblichen Sprachen unterscheidet. Germanische, slawische und romanische Sprachen bilden zusammen den Klan der indoeuropäischen oder indogermanischen Sprachen, und sie funktionieren alle mehr oder weniger nach demselben Prinzip. Die wesentlichen Algorithmen der Grammatik sind dieselben, die Art, wie Genus, Tempus, Kasus und Modus strukturiert sind oder wie beispielsweise die Präpositionen angewendet werden. Die indoeuropäischen Sprachen sind heute mit 2,5 Milliarden Sprechern der globale Renner, wozu vor allem die Kolonialisierungspolitik der Europäer entscheidend beigetragen hat.

Finnisch gehört nicht zu diesen indoeuropäischen Sprachen, sondern zur kleinen und geheimnisumwitterten Familie der finnisch-ugrischen Sprachen. Zu dieser Gruppe zählen nur drei Staatssprachen: Finnisch, Estnisch und Ungarisch. Dann gibt es noch verwandte regional gesprochene Exoten mit Namen wie Syrjänisch, Ostjakisch, Wogulisch, Tscheremissisch, Livisch, Vepsisch, Mordwinisch, Udmurtisch, Samisch oder Karelisch. Die Hälfte dieser linguistischen Cousins und Cousinen sind vom Aussterben bedroht. Klingonisch übrigens ist entgegen anderslautender Behauptungen keine ugrische Sprache.

No sex, no future

»Als Gott den Mann erschuf, übte sie nur.« Dieser schöne Satz lässt sich leider nicht ins Finnische übersetzen, da es in der finnischen Sprache kein Genus gibt. Das finnische Wort für er und sie ist dasselbe: *hän*. Zwei Finnen können sich über eine dritte Person unterhalten, ohne dass klar ist, ob es sich bei dieser Person um eine Frau oder einen Mann handelt. Falls diese Information relevant werden sollte, muss man sie eben im Gespräch erfragen. Ein typischer Fehler, den Finnen machen, wenn sie Deutsch sprechen, ist daher auch: »Meine Schwester kommt mich besuchen. Schön, ihn wiederzusehen.« Gleichberechtigungsfanatiker/innen sollten aber noch nicht aufjauchzen: Obwohl ein grammatikalisches Geschlecht im Finnischen unbekannt ist, trägt die Sprache sexistische Züge. So heißen etwa weibliche Aufsichtspersonen bei Veranstaltungen laut Armbinde bisweilen immer noch *järjestysmies*, Ordnungsmann.

Eine weitere Besonderheit des Finnischen ist der Umstand, dass es kein Futur gibt. Im Deutschen gibt es vorsichtshalber sogar zwei Zukunftsformen: »Ich werde das erledigen« und »ich werde das erledigt haben«. Fehlt nur noch Futur III, »ich werde das erledigt haben werden«. Solche grammatikalischen Feinheiten haben sich damals bei den Urfinnen nicht entwickelt, einfach weil man sie nicht brauchte. Ein Finne sagt schlicht und ergreifend »Ich erledige das.« Und darauf kann man sich dann auch verlassen, denn wenn der Nachbar versprochen hat, vor Wintereinbruch Feuerholz zu liefern, dann weiß er, dass eine verspätete Lieferung eventuell über Leben und Tod entscheidet.

Ein finnischer Freund fragte mich einmal im Scherz: »Wie sehr kann man euch eigentlich vertrauen, einem Volk, das zwei Zukunftsformen braucht?«

Synthetisch – praktisch – kurz

Am leichtesten zu erkennen sind die Fremdwörter. Raten Sie mal, was ein *primitiivi nihilisti* ist oder ein *grillikioski*.

Danach wird es schwierig bis unmöglich. Vorsicht ist etwa mit finnischen Vornamen geboten: Der vom römischen Reich geprägte Resteuropäer vermutet instinktiv, dass Namen, die mit a enden, weiblichen Personen zugehören und solche, die mit o aufhören, männlichen. Nicht so in Finnland: Marjo, Pirjo und Pirkko sind Frauen, Pekka, Esa und Vesa bezeichnen Männer. Zu den traditionellen finnischen Männernamen zählen Sulo (Liebreiz), Tarmo (Zähigkeit) und Onni (Glück), altehrwürdige Frauenvornamen lauten etwa Impi (Jungfrau), Laina (Leihgabe) oder Ansa (Falle).

Erst seit 1921 ist es in Finnland Pflicht, auch einen Nachnamen zu tragen, vorher hieß man auf dem Land zusätzlich zum Vornahmen eben noch einfach Axels Sohn oder Martis Tochter. Von den zehn heute meistverbreiteten finnischen Nachnamen enthalten acht eine natürliche Formation, etwa einen Fluss, eine Stromschnelle, eine Halbinsel, eine Bucht, einen Berg oder einen See. Wenn zwei Finnen sich kennenlernen und den landestypischen Small Talk absolvieren, kommen sie während der ersten Minuten ihres Gesprächs unweigerlich zu der Frage:»Woher kommst du?« (in Finnland wird fast immer geduzt). Der Satz »Das kommt von nirgends her« ist synonym für »Das taugt nichts, das hat keinen Wert«.

Und so kommt es, dass viele Finnen und Finninnen, wenn man sie wörtlich übersetzt, »Liebreiz von der Stromschnelle«, »Jungfrau von der Felseninsel« oder »Sommerwolke vom Birkenwäldchen« heißen.

Nachnamen in anderen europäischen Ländern sind sehr häufig Berufe: Schuhmacher, Becker, Smith, Cooper, Chevalier, Berger – und die Standardfrage lautet: »Was tun Sie?« Die Identität definiert sich in Finnland, einem traditionellen Agrarland, noch weitgehend nach lokalen Kriterien. Wenn man einen Finnen unvermittelt nach seinem Beruf fragt, kommt er sich womöglich ausgehorcht vor, nach dem Motto: Wenn ich verrate, was ich beruflich tue, könnte mein Gegenüber sich ja zusammenreimen, was für eine Ausbildung ich habe und wie viel ich verdiene…

Finnisch ist eine synthetische Sprache, Deutsch eine analytische. Im Klartext bedeutet das, dass man im Finnischen Wörter und Wortteile grundsätzlich aneinanderklebt und miteinander verwebt, während man sie im Deutschen säuberlich und linear voneinander trennt. Anders als die Deutschen brauchen die Finnen keine Schachtelsätze, um Ausländer zu verwirren, sie tun dies viel ökonomischer mit grammatischer Verpackungskunst. *Lienee nukkuvinaan* heißt allen Ernstes und staatlich geprüft übersetzt: »Es sieht so aus, also ob er/sie sich schlafend stellt«.

ABC-Schützenhilfe

Als Vater der finnischen Schriftsprache gilt der Reformator und spätere Bischof Mikael Agricola. Von 1536 bis 1539 studierte er in Wittenberg in Deutschland, sein Lehrmeister war kein Geringerer als Martin Luther persönlich. Und während Luther die Bibel ins Deutsche übersetzte und damit die erste standardisierte deutsche Schriftsprache kreierte, tat Agricola dasselbe auf Finnisch, allerdings vorerst nur mit dem Neuen Testament.

Zurück in Finnland sah er sich mit einem fundamentalen Problem konfrontiert: Weil Finnisch bis dahin nur als gesprochene Sprache existierte (die offizielle Amtssprache war Schwedisch), gab es niemanden, der seine Übersetzung hätte lesen können. Also musste Agricola zunächst eine Fibel verfassen, mit deren Hilfe die Finnen lesen und schreiben lernen konnten. Im Jahr 1543 brachte er das vierundzwanzig Seiten starke *ABC-Buch* heraus, das erste in finnischer Sprache gedruckte Buch. Sein Todestag, der 9. April, wird noch heute als Tag der finnischen Sprache gefeiert.

Apropos ABC: Das finnische Alphabet beginnt, wie man das von anderen Sprachen gewohnt ist, mit dem Buchstaben

A, endet aber – Überraschung – mit Ö, denn die Umlaute werden einfach hinten drangehängt. Von A bis Z heißt demnach auf Finnisch von A bis Ö. Auch nach mehr als zwei Jahrzehnten blättere ich manchmal immer noch verwirrt im Wörterbuch.

Dank Agricola gehört Finnland heute weltweit zu den Ländern mit der höchsten Alphabetenquote, was allerdings nicht sosehr am Pisa-studiengekrönten Bildungssystem liegt, sondern vor allem daran, dass hier ausländische TV-Programme und Filme nicht synchronisiert, sondern von einer Schar unermüdlicher Übersetzer untertitelt werden. So lernen die Finnen schon von Kindesbeinen an nicht nur den Klang fremder Sprachen kennen, sondern auch ihre eigene Sprache zu lesen. Als ich in den Achtzigerjahren zum ersten Mal in Finnland einen Fernseher einschaltete, erschien auf dem Bildschirm Klausjürgen Wussow als Schwarzwaldklinikprofessor, im Originalton mit finnischen Untertiteln. Inzwischen habe ich mich so an die finnische Methode gewöhnt, dass ich mir synchronisierte Filme ganz erspare. Wenn John Wayne Deutsch spricht, klingt das gelinde gesagt pervers – etwa so, wie wenn Professor Brinkmann mit deutschen Lippenbewegungen Finnisch spräche.

Das finnische System ist schnell, denn es dauert viel länger, einen Film zu synchronisieren, als ihn zu untertiteln, und es bietet, wie gesagt, den unverfälschten Kulturgenuss. Dumm nur, wenn man Besuch aus dem Ausland hat und den Klassiker von Akira Kurosawa nicht angucken kann, weil der Besuch weder Japanisch versteht noch Finnisch lesen kann.

Schweigen in mehreren Sprachen

Gemäß Paragraf 17 der finnischen Verfassung sind die beiden Nationalsprachen des Landes Finnisch und Schwedisch.

Schwedisch wird vor allem an den finnischen Küsten gesprochen, noch etwa 5,5 Prozent der Bevölkerung haben als Muttersprache eine leicht archaische Variante der früheren Kolonialherren- und Zivilisatorensprache. Oft bezeichnen finnischsprachige Finnen ihre schwedischsprachigen Mitbürger noch spöttisch als *svenska talande bättre folk*, als schwedisch sprechende bessere Leute.

Die Hauptstadt Helsinki heißt nur auf Finnisch so, auf Schwedisch heißt sie Helsingfors. Es gibt eigene Kindergärten, Schulen und Universitäten für die schwedischsprachige Minderheit, eigene Sportvereine, Radio- und Fernsehkanäle, Zeitungen, Theater – und Kontingente, die einem viele Karrieretüren öffnen, vorbei an den finnischsprachigen Finnen. Wenn in einem Ort die Mindestquote an Finnlandschweden überschritten wird oder gar eine schwedischsprachige Mehrheit entsteht, müssen sämtliche Straßenschilder in politisch korrekter Reihenfolge zweisprachig sein.

Wer einen Arzt braucht, kann in ein schwedischsprachiges Gesundheitsfürsorgezentrum gehen. Wer das Gesetz bricht und erwischt wird, hat ein Anrecht darauf, in seiner Muttersprache verhaftet und verurteilt zu werden, wer in Ehren ergraut, kann seine Tage im schwedischsprachigen Altenheim beschließen. Erst auf dem Friedhof sind die verschiedenen Sprachen wieder miteinander vereint.

Ganz extrem ist die Apartheid auf den Åland-Inseln, die zwischen Finnland und Schweden liegen und die der Völkerbund 1920 zur entmilitarisierten Zone erklärte und Finnland zusprach. Die knapp 30 000 Einwohner der Stockholm vorgelagerten Inselgruppe genießen umfangreiche Sonderrechte: Sie dürfen eigene Spielkasinos und eine eigene Polizei betreiben und eigene Briefmarken in Umlauf bringen. Sogar ein eigenes internationales Internet-Kennzeichen hat Åland. Festlandfinnen sind hier nur als Touristen erwünscht, sich hier niederlassen oder gar Immobilien erwerben darf nur, wer nachgewiesenermaßen fließend Schwedisch spricht. Ab und zu übertreiben die Åländer ihren Separatismus und versuchen, ihre Uhrzeit der von Schweden anzugleichen oder eine eigene Währung einzuführen, aber spätestens dann ertönt aus dem fernen Helsinki ein dezidiertes Nein.

Die Sprachentrennung wird manchmal bis zur Lächerlichkeit ernst genommen: Als ich Anfang der Neunziger meinen Sohn zum Babyschwimmen anmelden wollte, teilte man mir bedauernd mit, dass die finnischsprachige Warteliste leider schon voll sei, nur auf der schwedischsprachigen gebe es ein paar Plätze. Ich wies darauf hin, dass mein Sohn finnisch- und deutschsprachig aufwachse und dass Deutsch eine Schwestersprache des Schwedischen sei. Dieses Argument brachte uns ins warme Wasser.

Die Finnen, die Schwedisch in die Wiege gelegt bekommen haben, bezeichnen sich selbst überraschenderweise nicht als schwedischsprachige Finnen, sondern als Finnlandschweden und ihren etwas altertümlichen schwedischen Dialekt als Finnlandschwedisch, so als ob sie nur zu Besuch in Finnland seien und nicht seit vielen Generationen im Land.

Finnlandschweden leiden unter der Angst, in der vorherrschenden finnischen Kultur aufzugehen, durch Mischehen verschluckt, erodiert und assimiliert zu werden. Deshalb kümmern sie sich mindestens ebenso motiviert um ihre eigene kulturelle Identität wie die finnischsprachigen Finnen das als winzige Minderheit im internationalen Kontext tun. Schwedisch ist dementsprechend unbeliebt: Wenn man Finnen fragt, ob sie Schwedisch sprechen, antworten sie meist stolz: »Ich hatte in der Schule drei Jahre Schwedisch und habe nichts gelernt.«

Seit es den eisernen Vorhang nicht mehr gibt und in Helsinki die Bediensteten der Sowjetbotschaft nicht mehr die einzigen Russen sind, ist Russisch mit fast fünfzigtausend Muttersprachlern zur drittgrößten Sprachgruppe aufgestiegen, danach kommen mit großem Abstand Estnisch, Englisch und Somalisch, Letzteres durch Asylbewerber und Flüchtlinge bedingt.

Die siebtgrößte linguistische Minderheit in Finnland ist übrigens keine ethnische Minorität, sondern besteht aus den neuntausend Menschen, die als Muttersprache finnische Taubstummensprache verwenden. Und ganz im Norden gibt es noch knapp zweitausend Menschen, die Samisch auf Muttersprachniveau beherrschen.

Das Land ist zwei- bis vielsprachig, die Menschen aber sind es meist nicht. Finnland schweigt eben gerne. Und das in mindestens zwei Sprachen.

Derb ist geil

Wenn man davon ausgeht, dass die psychologische Funktion des Fluchens darin besteht, ein kleines soziales, verbales Tabu zu brechen und sich dadurch Erleichterung zu verschaffen, wenn man das Fluchen als Ventilfunktion versteht, dann kann man verschiedene Kulturen in verschiedene Entwicklungsphasen einteilen: Laut Freud durchläuft ein Kind zunächst die anale Entwicklungsphase, sodann die orale und zuletzt die genitale. Die angelsächsische und germanische Kultur wäre demnach kollektiv in der analen Phase stecken geblieben, denn zum Fluchen verweist man hier meist auf das Gesäß mit all seinen Details und Ausscheidungen in fester Form oder als Gas. Das Wort für Afteröffnung ist unter Indogermanen ein Synonym für eine unliebsame Person, und wenn sich ein Deutscher mit dem Hammer auf den Daumen haut, entfährt ihm ein spontanes: »Scheiße!«

Nicht so einem Finnen. Es mag an der matriarchalischen Gesellschaftsordnung liegen oder daran, dass Finnland schon in die genitale Phase vorgedrungen ist, aber hierzulande benutzt man als Allround-Schimpfwort *vittu*, das weibliche

Geschlechtsorgan, vom Derbheitsgrad ungefähr äquivalent zum deutschen Pendant, das mit einem ganz ähnlich klingenden Buchstaben beginnt.

Und überraschenderweise haben finnische Frauen, die ja statistisch und real zu den emanzipiertesten der Welt gehören, überhaupt kein Problem damit, dass ihre Vulva in mannigfaltigen Variationen als Schimpfwort missbraucht wird, im Gegenteil, sie fluchen vorurteilsfrei mit.

Geflucht wird gern und viel, vom sozialen Hintergrund und Geschlecht abgesehen. Aber auch sonst ist die finnische Sprache von einer bestechenden Frontalität, sie ist nicht nur logisch, sondern geradezu biologisch: Das Verb *naida* beispielsweise bedeutet, je nachdem ob es mit dem Akkusativ oder mit dem Partitiv angewendet wird, entweder heiraten oder, ganz vorsichtig gesagt, kopulieren. Als Einwanderer muss man gut aufpassen, wozu man aufgefordert wird.

Auch finnische Sprachbilder sind meist recht anschaulich: Etwas schlampig zu erledigen heißt »im Laufen pissen«, wer alles um sich herum vergisst, hat »das Gehirn an der Garderobe« abgegeben, und das Pferd vom Schwanz aufzäumen heißt »mit dem Arsch voran auf den Baum klettern«.

Alles in allem: Finnisch ist eine bemerkenswert flexible, nuancenreiche, bewusstseinserweiternde Sprache. Wer Finnisch lernt, lernt nicht nur eine neue Sprache, sondern auch eine neue Art zu denken, die Welt zu sehen und seine Erfahrungen mit anderen auszutauschen. Man lernt einen neuen Humor kennen, eine neue Art zu lachen.

Und wenn ein Ausländer sich die Mühe macht, diese seltene Sprache zu erlernen, wird er dafür von den Eingeborenen maßlos bewundert. Das größte Kompliment, das man Menschen machen kann, ist, sich für sie zu interessieren. Und das größte Kompliment, das man einer Kultur machen kann, ist, ihre Sprache zu lernen.

So kann man sich missverstehen – Kommunizieren mit Finnen

In mehr als einer Kultur zu Hause zu sein ist oft erheiternd und meist ein Genuss. Dann und wann ist es ein Albtraum, aber langweilig wird es nie. Ist der Unterschied zwischen den Kulturen deutlich sichtbar, sind auch die kleinen und großen Unfälle im sozialen Verhalten und in der Kommunikation klar zu erkennen. Das macht uns Menschen im Normalfall tolerant und bereit, dem anderen die gröbsten Fehler zu verzeihen. Ein Eskimo zu Besuch in Zimbabwe kann sich erlauben, ungestraft in viele Fettnäpfchen zu treten, weil niemand von ihm erwartet, dass er sich auf Anhieb zurechtfindet.

Kompliziert wird die Sache, wenn sich die Kulturen zwar äußerlich ähneln, unter der Oberfläche aber verschiedenen Regeln folgen. Sobald man den Unterschied nicht mit bloßem Auge sieht, vermutet man im anderen automatisch dieselben Wertvorstellungen, Überzeugungen, Ängste, Hoffnungen, Hemmungen, denselben Humor und dieselbe Seelengrammatik. Wenn dann die Menschen unbewusst aneinander vorbeikommunizieren, schweben die entstandenen Missverständnisse in der Luft und vergiften die Atmosphäre.

In einer finnischen Talkshow zum Thema Multikulturalität erläuterte ich einmal mit dem erlernten schlechten Gewissen des weißen Mannes einer Chinesin, dass es für uns Europäer schier unmöglich ist, die Herkunft von Südostasiaten anhand ihres Aussehens zu bestimmen. Koreaner, Chinesen und Japaner sehen zum Verwechseln ähnlich aus, asiatisch eben. Die Chinesin war amüsiert und konterte, indem sie mir erklärte, wie schwer es für Asiaten ist, uns Europäer auseinanderzuhalten. Ihrer Meinung nach sehen Schweden, Griechen, Iren, Briten, Franzosen, Finnen und Deutsche alle gleich aus. Europäisch eben.

Finnen sehen anderen Europäern also zum Verwechseln ähnlich. Im Großen und Ganzen jedenfalls. Solange sie den Mund halten, kann sie kaum jemand erkennen. Sie essen inzwischen dasselbe (zu doppelten Preisen), sie trinken dasselbe (Bier, Wein, Schnaps, zu doppelten Preisen), sie fahren dieselben Autos, tragen dieselben Schuhe und umgeben sich auch sonst mit denselben Konsumgütern (zu doppelten Preisen).

Die Liste der äußerlichen Gemeinsamkeiten ist lang. Im Inneren aber sind die Finnen etwas anders als wir anderen – zum Glück, sonst gäbe es ja nichts von ihnen zu lernen.

Messbare Unterschiede

Manche Kulturunterschiede sind so konkret, dass man sie mit einem Maßband oder Thermometer messen kann. Der in Finnland noch jedem bekannte, 1992 im Alter von einhundertvier Jahren verstorbene Arzt Arvo Ylppö etwa empfiehlt in einem seiner Standardwerke, Säuglinge bei Temperaturen von bis zu minus fünfzehn Grad Celsius tagsüber draußen schlafen zu lassen und sie schon im Strampelalter gegen das raue Klima im späteren Leben abzuhärten.

Ich selbst habe bei deutlichen Minusgraden im Wohnzimmer Wache geschoben und meinen schlafenden Erstgeborenen auf dem verschneiten Balkon nicht aus den Augen gelassen. Ich stellte sicher, dass aus dem Kinderwagen auch wirklich regelmäßig ein Atemdampfwölkchen emporstieg. Und ich muss zugeben: Bisher waren meine Kinder wirklich nur sehr selten erkältet.

Wenn aber eine Mutter in München, Madrid oder Rom ihr Baby bei minus fünfzehn Grad auf den Balkon stellen würde, hätte sie garantiert innerhalb kürzester Frist die Polizei und eine Sorgerechtsklage am Hals, auch wenn sie lautstark erklären würde, als Kleinkind in Finnland selbst selig im Schneesturm geschlafen zu haben.

Doktor Ylppö übrigens lebte, lernte und arbeitete lange Jahre in Berlin. 1952 wurde ihm der Titel des *arkkiatri* verliehen, des Archiater, das ist der höchste Titel, den ein Mediziner in Finnland tragen kann, eine Art Urarzt der Nation – es kann immer nur einen davon geben.

Studenten der Universität Vaasa in Westfinnland erstellten vor vielen Jahren eine Studie, in der sie den durchschnittlichen Sprechabstand verschiedener Kulturen maßen. Sie untersuchten Sprecher in Schweden, Finnland und Deutschland und kamen zu dem Ergebnis, dass von den dreien die Schweden den größten Abstand voneinander einhielten, nämlich mehr als einen Meter. Bei den Finnen lag die durchschnittliche Strecke zwischen zwei Plaudernden bei siebzig Zentimetern, in Deutschland bei vierzig. Eines der häufigsten unbemerkten Kommunikationsprobleme besteht darin, dass jemand aus südlicheren Gefilden einem Nordländer beim Reden zu nahe kommt.

Vielleicht müssen wir Mitteleuropäer uns ja so hartnäckig siezen und uns fleißig die Hände schütteln, weil wir so wenig Intimsphäre haben. Wer keinen Platz für physischen Abstand hat, integriert die Distanz eben in die Sprache und in seine Alltagsrituale.

Und wer Kulturunterschiede nicht mit dem Thermometer oder dem Maßband analysieren möchte, kann dies auch mit einer Uhr oder einem Kalender tun: Wenn ein Finne drei Uhr sagt, dann meint er auch drei Uhr, und zwar genau drei Uhr. Und wenn er Herbst sagt, spricht er vom Monat August. Wenn hingegen ein Italiener vom August spricht, meint er damit die Sommerferienzeit, während der in Rom sämtliche Pizzerias geschlossen sind. Und wenn er drei Uhr sagt, dann meint er damit nicht Punkt drei Uhr, sondern bestenfalls einen ungefähren Richtwert.

In der Leere liegt die Kraft

Finnland gehört zu den flächengrößten Staaten der EU und gleichzeitig zu den bevölkerungsärmsten. Das hat automatisch zur Folge, dass hier viel weniger kommuniziert werden muss, schriftlich, mündlich, elektronisch oder auf welche Art auch sonst. Die Bevölkerungsdichte beträgt fünfzehn Seelen pro Quadratkilometer, und das ist nur der Durchschnitt, im Norden liegt sie bei null Komma noch was.

Um in einer dicht besiedelten Kultur einen Parkplatz, einen Job, einen Lebenspartner, frische Brötchen oder eine Wohnung zu bekommen, muss man kommunizieren können, und das nicht nur verbal. Wer in London, Berlin oder Paris die Einkäufe fürs Wochenende macht, wird diese Aufgabe kaum ohne Dialog absolvieren können – in Finnland ist das kein Problem, geredet wird nur, wenn geredet werden muss. Woanders muss man sich ständig Platz, Gehör und Respekt verschaffen, in Finnland herrscht paradiesische Ruhe – oder Grabesstille, das kommt ganz auf die eigene Verfassung und Perspektive an.

Die andere Lebensweise hat zur Ausprägung eines alternativen Höflichkeitskonzeptes geführt: Hier im Norden gilt es als

Zeichen von Respekt, andere Menschen so wenig wie möglich zu behelligen und weitestgehend in Ruhe zu lassen.

An finnischen Bushaltestellen kann man ein interessantes Phänomen aus der Mathematik beobachten: die sogenannte Gauß'sche Normalverteilung. Wenn ein leerer Bus kommt und die wartenden Personen einsteigen, setzen sie sich alle unaufgefordert und ungesteuert so hin, dass jeder den maximalen Abstand zu seinem Nachbarn hat.

Anderswo ist es höflich, in jeder Situation zu interagieren, den Alltag mit kleinen Kommentaren zu würzen, immer einen passenden Spruch beizusteuern. Vor allem Deutsche unterbrechen einander ständig, und das mit voller Absicht, denn das gehört zum kollektiven Verständnis von Höflichkeit. Aktives Zuhören nennt sich das, und der unbewusste Grundgedanke dabei ist in etwa: »Ich höre dir SO gespannt zu, dass ich gar nicht warten kann, bis du mit deinem Nebensatz zu Ende bist – in dem Augenblick, in dem ich den Gedanken, den du da formulierst, verstehe, schnappe ich ihn mir, trage meinen Teil dazu bei und spiele ihn zu dir zurück.« Ja, es soll sogar Deutsche geben, die hinsichtlich eines Themas spaßeshalber verschiedene Positionen vertreten, nur um einer guten Diskussion willen.

In Finnland nennt man so etwas Streit. Wenn ein Finne wissen will, ob sein Chef zufrieden mit ihm ist, braucht er nicht zu fragen. Das größte Lob ist, wenn der Chef überhaupt nichts sagt.

Pingpong oder Kegeln?

Wollte man die zentraleuropäische Kommunikationskultur mit einer Sportart vergleichen, so würde Pingpong gut passen: Gespräche sind wie kurze, schnelle Ballwechsel, der Ball wiegt fast nichts.

Auch die finnische Art, die Welt mit anderen zu teilen, lässt sich mit einem Ballspiel vergleichen, allerdings sind die Bälle hier bedeutend schwerer und das Spiel hat einen wesentlich gemächlicheren Rhythmus. In Finnland erinnert der Kommunikationsstil eher ans Kegeln. Jeder Teilnehmer kommt abwechselnd an die Reihe, jeder darf seinen kommunikativen Akt in Ruhe zu Ende führen und sich wieder setzen, bevor der nächste Spieler an den Start geht und sein schwerwiegendes Argument ins Rollen bringt. Mit federleichten Bällen tritt hier niemand an, und jemanden zu unterbrechen, ist genauso unhöflich, wie an der Kegelbahn zu drängeln.

Einer der häufigsten Sätze bei finnisch-ausländischen Telefongesprächen ist »Are you still there?«, denn die für Finnen normalen langen Sprechpausen stiften bei anderen Kulturen oft Verwirrung. Wenn ein Finne nichts zu sagen hat, dann sagt er eben nichts. Manchmal beschweren sich ausländische Geschäftspartner darüber, dass Finnen ihre E-Mails nur zögerlich und spät beantworten. Das hat jedoch nichts mit einem Mangel an Interesse oder Respekt zu tun, ganz im Gegenteil kann man davon ausgehen, dass man sicher von seinem finnischen Partner hören wird – aber erst, wenn es wirklich etwas zu hören gibt.

Stellen Sie sich zu Ihrer Erbauung ein Gespräch zwischen einem deutschen Ingenieur und seinem finnischen Kollegen vor: Der Deutsche redet und redet und wartet darauf, dass jemand mit ihm Pingpong spielt, ihm den Ball abnimmt, ihm beim Gespräch behilflich ist, aktiv zuhört – der Finne sitzt mit zunehmendem Unbehagen schweigend da, wartet darauf, dass man ihm das Wort überlässt, dass sein Kollege endlich den Mund hält und ihn mit seiner werten Aufmerksamkeit beehrt – in schlimmen Fällen verdächtigen sich die beiden gegenseitig des Schlaf- bzw. Aufputschmittelmissbrauchs, verlieren, anstatt Freunde zu werden, jegliches Vertrauen ineinander, und das Projekt, an dem die beiden arbeiten, muss von einem sündhaft teuren interkulturellen Coach gerettet werden, von jemandem wie mir.

Her mit dem Salz!

Schlaue Köpfe haben die Kommunikationskulturen der Welt in zwei Gruppen eingeteilt, in solche mit hohem Kontext und in solche mit niedrigem. Hoher Kontext bedeutet, dass die Spielregeln des Kommunizierens sowie der kollektive kulturelle Code allen weitgehend bekannt sind und man nicht viel verbalen Kontext herstellen, also nicht viele Worte machen muss. Finnland ist ähnlich wie Japan und andere verhältnismäßig homogene Kulturen eine solche High-Context – Gesellschaft. Small Talk zwischen Finnen ist herrlich minimalistisch. Im Allgemeinen genügen vier Worte: *Mitäs jätkä? – Paskaaks tässä*. Frei übersetzt: »Und, wie?« – »So einigermaßen.«

Bei diesen kurzen Repliken wird aber eine erstaunliche Menge an Information ausgetauscht; in den USA, einem Paradebeispiel für eine Low-Context-Kultur, muss man hingegen mehrere Minuten miteinander reden, um denselben Inhalt zu transportieren. Die USA haben Dutzende anderer Kulturen assimiliert und benutzen Englisch als *lingua franca*. Alles muss ausformuliert werden, um den für die funktionierende Verständigung nötigen Kontext herzustellen. Deshalb wird die Bezeichnung amerikanisch in Europa auch oft als Schimpfwort gebraucht: »Wie war der Film?« – »Ganz okay, aber der Schluss war mir dann doch ein wenig zu amerikanisch.«

Der unsichtbare, aber fundamentale Unterschied in der Kommunikation kann dazu führen, dass es umso verkrampfter zugeht, je höflicher man zueinander sein möchte: In Finnland ist es etwa völlig normal, bei Tisch zu jemandem »Gib mir das Salz!« zu sagen (im Finnischen braucht man dafür nur zwei Wörter), denn durch den hohen Kontextgehalt sind sich alle Anwesenden darüber im Klaren, dass die Situation eines gemeinsamen Essens entspannt und von menschlicher Wärme geprägt ist. Low-Context – Menschen brauchen, um dasselbe Resultat zu erzielen, eine ganze Lunge voll Luft und jede Menge Hilfsvokabeln: »Würdest du so freundlich sein und mir bitte mal eben schnell das Salz geben?«

Finnische Lehrerinnen und Lehrer wissen, dass man am Ende der Stunde niemals fragen sollte: »Hat jemand eine Frage?« Das nämlich sorgt für beklemmende Stille im Saal.

Der hohe Kontextgehalt erklärt, warum Finnen oft ultralakonisch wirken: Wer einmal einen Film von Aki Kaurismäki oder Mika Häkkinen und seine finnischen Kollegen bei einer Pressekonferenz gesehen hat, weiß, wovon ich rede.

Wer hier am Montagmorgen in den Aufzug steigt und dort andere Personen antrifft, belästigt niemanden, indem er grüßt oder ohne Not ein Schwätzchen vom Zaun bricht. Er schaut den anderen Fahrgästen nicht aus nächster Nähe in die Augen, sondern heftet seinen Blick ausweichend auf die eigenen Schuhspitzen, auf die Decke der Aufzugskabine oder auf den Knopf mit der Nummer seines Stockwerks.

Wildfremde Menschen auf der Straße zu grüßen bringt einem den Ruf ein, homosexuell, Hehler, Dealer, Polizist, religiöser Fanatiker oder anderweitig verdächtig zu sein. Auch plötzliches Erscheinen vor jemandes Haustür ist ein aggressiver Akt, so etwas tut man in Finnland nicht. Man ruft ein paar Tage vorher an und fragt, ob es in Ordnung wäre, wenn man Freitagnachmittag ganz spontan zum Kaffee vorbeikäme.

In den dreiundzwanzig Jahren, die ich inzwischen in Finnland lebe, ist es genau ein einziges Mal passiert, dass jemand einfach so aus Jux und Tollerei an meiner Tür klingelte. Ein Deutscher natürlich. Und als ich ihn hereinließ, trampelte er mit Straßenschuhen durch die ganze Wohnung. Der kommt mir nicht wieder ins Haus.

Kontrolle ist schlecht, Vertrauen ist besser

Im Alter von dreißig wurde ich beim finnischen Rundfunk zum Produzenten, zum Leiter der Gruppe für Sprachkurse ernannt. Ich nahm meine Führungsaufgabe ernst und begann, jeden Morgen einen Rundgang durch die Redaktion zu machen, um mich als verantwortungsbewusster Chef zu vergewissern, ob vielleicht jemand Hilfe mit dem Budget, dem Manuskript oder dem Produktionsplan brauchte. Ich agierte in der Gewissheit, dass die Leute, für die ich verantwortlich war, meine Kontrolle als positiv empfinden und mir dankbar einen Teil ihrer Probleme zur Lösung überlassen würden.

Weit gefehlt. Ich musste lernen, dass meine Kontrolle für meine Mitarbeiter ein Misstrauensvotum darstellte: Ich traute ihnen nichts zu, denn ich patrouillierte ja und sah ihnen über die Schulter.

Inzwischen weiß ich, dass es wichtig ist, Finnen bei der Arbeit in Ruhe zu lassen. Sie sprechen nicht gern über unfertiges Zeug, kümmern sich aber trotzdem darum, sie erledigen ihre Aufgaben in Eigenregie und präsentieren dann das Ergebnis, ohne ihre Umwelt über jeden einzelnen Schritt auf dem Laufenden zu halten. Sie empfinden Autorität und Kontrolle nicht als Sicherheit, sondern als Bedrohung. Sobald ich das begriffen hatte, zog ich mich zum Kaffeetrinken in mein Büro zurück und genoss ab sofort den Ruf eines guten Vorgesetzten.

In finnischen Firmen ist die Hierarchie flach, zumindest fühlt es sich so an. Die persönliche Distanz zwischen Vorgesetzten und Untergebenen ist sehr klein. Man duzt sich und nennt sich beim Vornamen. Man ist sehr unformal und zwanglos, die Vorgesetzten schweben nicht in losgelöster Höhe, sondern sind leicht anzusprechen, ja, bei Betriebsfeiern kann man seinen Chef auch mal in betrunkenem Zustand oder nackt sehen. Oder beides.

Aber Vorsicht: Boss ist Boss, auch wenn man seine/ihre Psoriasis betrachten durfte und ihm/ihr beim Gehen helfen durfte. Mag er oder sie auch wie ein guter Kumpel wirken – am Montagmorgen hat der Vorgesetzte wieder die Macht übernommen und trifft die Entscheidungen, und niemand stellt dies infrage.

Als Nokia vor vielen Jahren einen Zulieferbetrieb in Deutschland kaufte, machten sich die finnischen Manager auf den Weg, um die Firma zu übernehmen. Die Deutschen hatten für die Ankunft ihrer neuen Chefs eine Präsentation vorbereitet, Diagramme gezeichnet und einen Lagebericht erstellt, und sie warteten begierig darauf, die neuen Besitzer detailliert über den Zustand des Betriebs ins Bild zu setzen.

Die finnischen Manager aber hatten in ihrer Weisheit beschlossen, den deutschen Kollegen den Neustart unter finnischer Fahne so locker wie möglich zu gestalten, und bei ihrer Ankunft verzogen sie sich erst einmal wortlos in ihre Büros. Die Deutschen standen wie begossene Pudel mit ihrer Präsentation unterm Arm auf dem Flur, ignoriert und frustriert.

Wie die Schweine

In den späten Neunzigerjahren des letzten Jahrhunderts, als Finnland gerade der EU beigetreten war, bekam ich eine Einladung zu einem denkwürdigen Seminar. Die finnische EU-Behörde hatte eine Handvoll arbeitsloser finnischer Landwirte zu Tourismusunternehmern umgeschult, und die neue Aufgabe der anwesenden Bauern bestand darin, ab sofort malerische Sommerhäuschen an Touristen aus Mitteleuropa zu vermieten. Und als der erste Sommer in der Tourismusbranche vorbei war, waren die finnischen Bauern bitterböse. Man beschwerte sich über die Feriengäste, die »wie die Schweine«

gehaust hätten: Eine Familie hatte das gesamte Feuerholz verbraucht, ohne den Stapel an Selbstgehacktem im Schuppen nachzufüllen. Eine andere hatte ihren Müll »einfach in den Wald geworfen«.

Ich fragte die erbosten Häuschenvermieter, ob in den Ferienhäuschen denn deutschsprachige oder wenigstens englischsprachige Broschüren ausgelegen hätten, mit den zehn goldenen Regeln für Sommerhäuschengäste.

»Natürlich nicht«, war die verwunderte Antwort. »Wir können doch Erwachsene nicht gängeln wie kleine Kinder!«

Ich vermutete einen Kulturunterschied und erklärte meinem Publikum, dass man genau das hätte tun sollen. Deutsche sind an eine extreme Regeldichte gewohnt, ihre Welt ist angefüllt mit Vorschriften, Plaketten, Ver- und Geboten. Wenn dem Deutschen nicht klipp und klar gesagt wird, was er zu tun hat, dann weiß er logischerweise nicht, was er tun soll. Außerdem stammen Familien, die ihren Sommer in einem finnischen Sommerhäuschen verbringen, meist aus der gehobenen sozialen Schicht. Möglicherweise hatten sich die deutschen Bildungsbürger einfach nicht getraut, Feuerholz zu hacken, weil ihnen dies von niemandem erlaubt worden war.

Die finnischen Bauern glaubten mir kein Wort, sie waren überzeugt, ich wolle sie auf den Arm nehmen.

Ich ließ mir die Telefonnummer der Kölner Arztfamilie geben, der vorgeworfen wurde, Müll im Wald verstreut zu haben, und ging der Sache nach. Und siehe da: Die Deutschen hatten in der finnischen Hütte nur einen einzigen Mülleimer vorgefunden. Da sie aber gewohnt waren, ihren Müll zu trennen und Biologisches nicht mit Unabbaubarem in dieselbe Plastiktüte zu stecken, sammelten sie ihren Ökoabfall säuberlich am Waldesrand, um ihn zu kompostieren. Die Tiere des finnischen Waldes fanden die Bananenschalen und Kaffeefilter und verteilten sie über das Areal.

So kann man sich missverstehen.

Der kleine Unterschied – Frauen und Männer in Finnland

»*Worüber reden finnische Männer, wenn sie im Wald sind?*«
»*Über Frauen.*«
»*Und worüber reden finnische Männer mit Frauen?*«
»*Über den Wald.*«

Auf eins sind finnische Frauen besonders stolz: Sie waren die ersten Frauen der Welt, die wählen und sogar ein politisches Amt bekleiden durften. Als erstes Land der Welt führte Neuseeland 1893 das allgemeine Wahlrecht ein – für Damen allerdings nur das aktive, kandidieren durften sie nicht. 1903 bekamen die Australier und Australierinnen das Wahlrecht – allerdings nur die Weißen. 1906 war Finnland das erste Land, das seinen Bürgerinnen und Bürgern das allgemeine, aktive und passive Wahlrecht zuerkannte.

War bisher nur ein Zehntel der Bevölkerung wahlberechtigt gewesen, kamen nun neunzig Prozent in den Genuss, über ihre Geschicke mitzuentscheiden. Aus den Wahllokalen ausgeschlossen waren nur noch Berufssoldaten, entmündigte Menschen, Bürger, die seit mehr als zwei Jahren keine Steuer bezahlt hatten, solche, die von der Armenhilfe lebten oder wegen Wohnsitzlosigkeit oder Wahlbetrug verurteilt worden waren.

Schon in den ersten Wahlen, die im März 1907 stattfanden (Finnland war damals noch als autonomes Großfürstentum Teil des Zarenreiches), wurden neunzehn Frauen ins Parlament gewählt; sie waren die ersten weiblichen Abgeordneten der Welt und setzten sich, wenig überraschend, vor allem für die Sache der Frauen und für die Gleichberechtigung der Geschlechter ein.

Inzwischen sitzen auf mehr als achtzig der zweihundert Parlamentssitze Frauen, Finnlands Anteil an weiblichen Abgeordneten liegt bei über vierzig Prozent und zählt damit zur Weltspitze, die überraschenderweise von Ruanda angeführt wird, dem derzeit einzigen Land der Welt, in dessen Parlament es mehr Frauen gibt als Männer.

Eine Gleichberechtigungsministerin – derzeit ist sie ein schwedischsprachiger Mann – überwacht mit ihrem Stab die Einhaltung der Gesetze, die das offizielle Verhältnis zwischen Frauen und Männern regeln.

Der Euro der Frau

Obwohl Finnland hinsichtlich der Geschlechtergleichberechtigung zu Recht als Pionierland gilt, ist der kleine Unterschied zwischen Männern und Frauen auch hier nicht immer wirklich so klein. Bei der Entlohnung für Arbeit ist er konkret messbar und liegt bei etwa zwanzig Prozent: Im letzten Quartal des Jahres 2005 lag das durchschnittliche Monatseinkommen der ganzzeitig beschäftigten Finnen bei 2555 Euro. Männer verdienten im Durchschnitt 2813 Euro, ihre Kolleginnen aber nur 2275.

Dieser Unterschied besteht seit vielen Jahren so gut wie unverändert. Er ist nicht so sehr darauf zurückzuführen, dass die Frauen direkt am selben Arbeitsplatz gegenüber ihren männlichen Kollegen benachteiligt würden. Zwar kommt auch das vor, aber der Fehler liegt eher im System: Dass Frauen in Finnland im Durchschnitt weniger verdienen, lässt sich damit erklären, dass in den traditionell von Frauen dominierten Branchen generell schlechter bezahlt wird.

Löhne und Gehälter werden in Finnland von den Gewerkschaften ausgehandelt, und fast alle Finnen sind Mitglied einer solchen Union. Als die Gewerkschaft des Pflegepersonals Ende 2007 mit einem Streik drohte, um ihre Gehaltsforderungen durchzusetzen, drohte der Staat zurück: Ein Streik würde das Gesundheitswesen völlig zum Stillstand bringen und vermutlich Menschenleben kosten – die Regierung ließ die Krankenschwestern und ihre wenigen männlichen Kollegen wissen, dass man sie notfalls mit der Polizei zum Arbeitsplatz bringen werde, um Intensivstationen und Kreißsäle rund um die Uhr in Betrieb zu halten. Das Duell endete mit einer moderaten Gehaltserhöhung, und das größte Problem des finnischen Gesundheitswesens besteht nach wie vor im *brain drain*, darin, dass Pflegepersonal und Ärzte sofort nach ihrer Ausbildung das Weite suchen und nach Schweden oder in die Schweiz auswandern – irgendwohin, wo man für die Arbeit in medizinischen Berufen menschenwürdig bezahlt wird.

Seit vielen Jahren fordern finnische Frauen, dass der strukturelle Unterschied in der Entlohnung eliminiert wird, und jede Regierung verspricht, sich um die leidige Angelegenheit zu kümmern. Geändert hat sich aber bis heute nichts: Der Euro einer finnischen Frau hat nur 80,9 Cent.

Manchmal bringen Männer zu ihrer Verteidigung vor, dass die statistische Lebenserwartung von Frauen in Finnland bei 82 Jahren liegt, die der Männer aber nur bei 75 Jahren. Frauen bezögen nach dem Tod ihrer Männer noch jahrelang Rente, somit sei der Unterschied in der Entlohnung während der aktiven Arbeitsjahre also gerecht. Dieses Argument hat aber, wie man sich denken kann, nicht viel zu einer sachlichen Diskussion beigetragen.

Natürliche Autorität

Männer werden bekanntlich von einer Substanz namens Testosteron ferngesteuert und verbringen sowohl ihre Dienst- wie auch ihre Freizeit hauptsächlich damit, miteinander zu konkurrieren und sich den Kopf mit Alkohol oder Ähnlichem zuzuknallen. Darunter haben Frauen oft zu leiden, was wiederum zu einem soziologischen Phänomen namens Feminismus geführt hat.

In Finnland stimmt das nur bedingt, trotz des Einkommensunterschieds. Natürlich sind auch hier alle Männer gleich, aber die finnischen Frauen haben eine natürliche Autorität, um die sie viele ihrer Schwestern in anderen Ländern beneiden dürfen. Finnische Frauen sind daran gewöhnt, dass Männer schwache Geschöpfe sind und viel Liebe und Führung brauchen. Und sie erledigen ihre Führungsaufgabe souverän und mit charmanter Selbstverständlichkeit.

Die Gründe sind, wie so oft, historisch. Man versetze sich zurück ins Mittelalter und nach Mittelfinnland. Die nächste nennenswerte urbane Kultur ist eine mehrwöchige Reise entfernt, zum nächsten Nachbarn sind es drei Tage, dazwischen liegen zwölf Seen mit dreizehn Inseln. Man lebt isoliert als Klan in einer geräumigen Hütte, sämtliche Generationen und das Vieh unter einem Dach.

Unter den harten Lebensbedingungen entwickelte sich eine Arbeitsteilung, welche die Reviere von Mann und Frau in Innen- und Außenräume aufteilte. Die Frau war verantwortlich für und undisputierte Herrscherin über alles, was drinnen geschah, über Kinder, Tiere und Vorräte. Die traditionelle Rolle des Mannes bestand darin, draußen Boote zu bauen, zu jagen, zu fischen, Fallen zu stellen und Bäume zu fällen.

Später im modernen Finnland konnten sich nur die wirklich gut Betuchten überhaupt leisten, eine ganze Familie mit nur einem Einkommen zu versorgen. Der Beruf der Hausfrau ist in Finnland ebenso unbekannt, wie er es in der DDR war, was auch daran liegt, dass das gut funktionierende Kinderhortsystem Finnlands eine ziemlich exakte Kopie dessen der ehemaligen Deutschen Demokratischen Republik ist.

Wissen ist weiblich

Mit Ausnahme der technischen und naturwissenschaftlichen Fächer wird das Bildungswesen Finnlands von Frauen dominiert, und ein finnischer Schüler wird im Laufe seiner Lernkarriere hauptsächlich von Kindergärtnerinnen und Lehrerinnen erzogen.

Oft, laut und vor allem von Männern wird das Schulsystem deshalb kritisiert: Es bevorzuge Mädchen und gehe nicht genug auf die spezifischen Bedürfnisse von Jungs ein. In der Tat gibt es in Finnland mehr Frauen mit Abitur und mehr Frauen als Männer studieren an einer Hochschule. Dennoch, wenn man den Pisa-Studien Glauben schenken darf, kann das finnische Schulsystem so schlecht nicht sein.

Statistisch unterrepräsentiert sind Frauen in Finnland zudem bei den Feuerwehrleuten, Bauingenieuren und Gefängnisinsassen, und ähnlich sieht es bei Langzeitarbeitslosen, Alkoholkranken und Obdachlosen aus. Die Wehrpflicht beziehungsweise die Pflicht, einen Zivildienst abzuleisten, gilt nur für Männer, und sie dauert mindestens 180 oder 270 Tage. Totalverweigerer wandern für 181 Tage in den Strafvollzug.

Es gibt zwar nur wenige finnische Spitzenmanagerinnen, dafür sind im europäischen Vergleich überdurchschnittlich viele leitende Positionen der mittleren Ebene mit Frauen besetzt. Ein typischer interkultureller Fauxpas ereignet sich regelmäßig, wenn männliche ausländische Geschäftspartner finnische Firmen besuchen, dort mit weiblichen Kollegen zusammenarbeiten und dabei die Position der Frauen in der finnischen Hierarchie instinktiv unterschätzen, um sich schließlich in eine peinliche Situation hineinzumanövrieren.

Ich selbst wurde einmal Opfer dieses Phänomens, als der finnische Rundfunk YLE in den Neunzigerjahren einen Koproduktionsvertrag mit der Deutschen Welle aushandelte. Meine Chefin nahm mich zu den Verhandlungen mit, zur Sicherheit, obwohl sie selbst fließend Deutsch sprach. Im Besprechungszimmer saßen uns zwei Herren in Nadelstreifen gegenüber, und beide unterhielten sich während der gesamten Verhandlung ausschließlich mit mir, obwohl ich die ganze Zeit verzweifelt zu signalisieren versuchte, dass die Frau neben mir meine Vorgesetzte war.

Kurz: Die Koproduktion kam tatsächlich zustande, aber das Verhältnis meiner Chefin zu mir bekam an diesem Tag eine Beule.

Liebe macht blind, Ehe öffnet die Augen

Obwohl man und frau sich in Finnland redlich bemüht, die Gleichstellung der Geschlechter noch zu verbessern, scheint dies leider nicht zu einem tieferen Verständnis zwischen Mann und Frau zu führen. Im Jahr 2000 betrug die durchschnittliche Dauer einer finnischen Ehe zwölf Jahre, im Jahr 2005 waren es nur noch elf Jahre, und der Trend zur kürzeren Verweildauer in der Ehe hält an. Von den Ehen, die in den Sechzigerjahren geschlossen wurden, sind inzwischen ein Drittel geschieden, von solchen aus den Siebzigern vierzig Prozent.

Im Moment liegt die Scheidungsrate bei etwa fünfzig Prozent, was andererseits heißt, dass immerhin die Hälfte aller Ehen wirklich hält, bis dass der bei der Eheschließung beschworene Tod sie scheidet.

Auch in finnischen Betten könnte es romantischer und euphorischer zugehen. Professor Osmo Kontula, der das Sexualverhalten seiner Landsleute zwanzig Jahre lang wissenschaftlich unter die Lupe genommen hat, veröffentlichte 2008 das Ergebnis seiner Langzeitstudie *Lust und Leidenschaft*, und seine Erkenntnis ist nicht gerade sexy: Die sexuellen Wünsche von finnischen Frauen und Männern klaffen weit auseinander, die Anzahl der pro Woche vollzogenen Geschlechtsverkehre in den Beziehungen sinkt stetig.

Laut Kontulas Studie sind die glücklichsten und sexuell aktivsten Paare die, die nicht zusammen wohnen. Nach Ansicht des Professors liegt das nicht nur daran, dass man durch den getrennten Wohnort eine Erosion durch den Alltag vermeidet, sondern daran, dass Partner, die zusammenleben, ihre Privatsphäre verteidigen müssen und daher schlechter miteinander kommunizieren.

Immer mehr Finnen geben offen zu, dass Selbstbefriedigung für sie auch in einer Beziehung die primäre sexuelle Lustquelle ist. Die Studie brachte Erstaunliches ans Tageslicht: Die Masturbationsfrequenz finnischer Manner hat sich in den letzten fünfzehn Jahren verdoppelt, die von Frauen verdreifacht, bei verheirateten Frauen mittleren Alters sogar versechsfacht.

Finnische Männer möchten, so behaupten sie jedenfalls, gern zwei- bis dreimal mehr Sex, als ihnen in Ehen und anderen Partnerschaften zuteil wird, und auch die Frauen geben bei Umfragen an, dass es gern etwas mehr sein dürfte. Das Problem liegt also nicht in der Menge, sondern in der Qualität, und offenbar treffen sich Angebot und Nachfrage hier nicht in der Mitte.

Sachliche Romanzen

In Finnland ist es üblich, dass nicht nur die Männer in Gruppen auf Kneipentour gehen, sondern die Frauen dies ebenso gern tun. Die natürliche Souveränität finnischer Frauen lässt den Besucher leicht an die sagenumwobene nordische sexuelle Freizügigkeit denken, hat damit aber nichts zu tun.

Das Balzverhalten der Einheimischen lässt sich am besten nach Mitternacht in Bars und Nachtclubs beobachten. Finnen sind weder schwerere noch leichtere Beute als andere Kulturen, nur sind hier eben beide Geschlechter daran gewohnt, dass man sich holen darf, was man will, oder zumindest: dass jeder es versuchen darf. Wer hingegen nur still in der Ecke wartet, steht am Schluss mit leeren Händen da. Der Umgang der Geschlechter miteinander ist – nennen wir es mal pragmatisch, und es kann einem Mann schon mal passieren, dass sich eine angeheiterte Dame ohne Federlesen und ohne um Erlaubnis zu fragen auf seinen Schoß setzt.

Auch die Spätfolgen des Balzverhaltens, also die eheliche Gemeinschaft oder eine ihr vergleichbare Beziehungsform, tragen Züge des Matriarchats: Während der Mann in einer patriarchalischen Gesellschaft sämtliche Entscheidungen selbst treffen muss, was für die Koronargefäße gar nicht gut ist, kann man in Finnland als Mann seinen Kopf in den Schoß einer klugen, starken Frau legen und entspannen – sie wird sich um den Cholesterinspiegel kümmern, um die Bankkonten, um das Haus und um die Verwandtschaft. Finnische Frauen, so ein Liedermacher, »steuern vom Rücksitz«. Eine finnische Frau »verführt dich erst mit ihrem zarten Charme, danach führt sie dich mit ihrem starken Arm«.

Die amtlich schönste Frau …

…die es in Finnland jemals gegeben hat, heißt Armi Kuusela, wurde 1934 geboren und gewann im Alter von achtzehn Jahren als erste und bisher einzige Finnin den Titel der Miss Universum. Dieser Aufstieg vom Schulmädchen zum internationalen Star brachte der ganzen Nation einen gehörigen Schub an Selbstbewusstsein, besonders, weil in diesem Jahr endlich die verspäteten Olympischen Sommerspiele in Helsinki stattfanden.

Werbung für feminine Produkte operiert in Finnland noch öfter als anderswo mit Begriffen wie unauffällig, geruchlos oder unsichtbar, und im internationalen Vergleich kleiden und schminken sich finnische Frauen merklich dezenter. Wenn man in Helsinki eine Frau in Minirock und High Heels sieht, kann man ziemlich sicher sein, dass sie Russisch oder Estnisch spricht oder vielleicht vom Mittelmeer kommt. Bei Männern sind die Unterschiede schwerer zu erkennen.

Das finnische Topmodel Saimi Nousiainen kritisiert ihre Landsfrauen gern öffentlich für die Zurückhaltung in Sachen Mode und Make-up. Sie fürchtet, dass die jungen Männer in Finnland bald besser gestylt sind als die Frauen, und möchte im Straßenbild »mehr Lippenstift, mehr rasierte Beine und mehr hochhackige Schuhe« statt immer nur die typischen Stiefel sehen. Bildung und Karriere, so Nousiainen, erforderten von einer Frau nicht, dass sie sich die Haare kurz schneide und eine Brille mit dickem, schwarzem Rand und dazu flache Schuhe trage. Sie bezeichnet die finnischen Frauen als »maskulin« und befürchtet gar, dass finnische Männer vermehrt auf die Idee kommen könnten, sich ihre Ehefrauen in anderen Ländern zu suchen.

Das wäre streng genommen allerdings illegal, denn jemanden aufgrund ihres oder seines Geschlechts oder der sexuellen Orientierung zu benachteiligen oder zu diskriminieren, ist auch in Finnland eine Straftat. Im Allgemeinen sind die Finnen sehr tolerant. In geschlechtlichen Dingen darf jeder und jede tun und lassen, was er oder sie will, Hauptsache, es stört niemanden und bleibt im Bereich des gesetzlich Erlaubten. Manchmal aber stößt die finnische Toleranz an ihre Grenzen, so im Jahr 2008, als ein Vikar im ostfinnischen Städtchen Imatra verkündete, in Wirklichkeit Transgender, also eine Frau, zu sein und sich einer Geschlechtsumwandlung beziehungsweise einer Geschlechtskorrektur unterziehen zu wollen.

Dieses Vorhaben löste nicht nur innerhalb der lutherischen Staatskirche, sondern überall im Land eine fundamentale Diskussion über Gott und die Welt aus. Mit dem Argument »Gott macht keine Fehler!« versuchten die Hardliner dafür zu sorgen, dass der Geistliche seinen Job verlor, zufriedene Gemeindemitglieder hingegen bezeugten Sympathie und Solidarität mit ihrem Hirten. Schließlich lenkte die Kirche ein und garantierte dem zukünftig ehemaligen Vikar seinen Arbeitsplatz, postoperativ dann eben als Vikarin.

Mars und Venus in Finnland

Für die meisten finnischen Männer ist es Ehrensache, mit einer Säge, einem Hammer und einem Schraubenschlüssel umgehen zu können. Überall im Land findet man Gartencenter, Baustoffgeschäfte und Maschinenverleihe. Nur verweichlichte Städter renovieren ihr Haus nicht selbst, am besten baut man sein eigenes Haus auch mit den eigenen Händen.

Finnische Frauen beschweren sich gern darüber, dass ihre Männer »nicht sprechen und nicht küssen«, übersehen oftmals aber aufgrund der eigenen Erwartungshaltung, dass finnische Männer ihre Emotionen sehr wohl, aber eben anders zum Ausdruck bringen: Statt ihr Blumen mitzubringen, drückt ein finnischer Mann seine Gefühle für seine Frau aus, indem er den Gartenzaun lackiert, den Rasen mäht und das Auto wäscht.

Die Kommunikation zwischen Männern und Frauen scheint oft zu stocken. Nachdem ich ein Buch veröffentlichte, in dem es viel um das Verhältnis von Mann und Frau geht, und eine Saison lang als Männerrechtler in den Medien herumgereicht wurde, bekam ich zu hören: »Es ist gut, dass du dich als Deutscher mit unseren Frauen intellektuell auseinandersetzt, sie mögen das. Wir gehen solange fischen.«

Ein finnisches Sprichwort sagt: »Nähe ohne Streit gibt es nur auf dem Friedhof.« Und für die Lebenden gibt es in Finnland reichlich Platz, um einander aus dem Weg zu gehen.

Grünes Gold und schwarze Zahlen – Finnlands Wirtschaft

5,3 Millionen Menschen leisten sich den Luxus, einen Nationalstaat aufrechtzuerhalten, gar einen Territorialstaat mit allem, was dazugehört, eigenen Streitkräften, Grenzen, einer Küstenwache, einem Parlament, einem Sitz in der UNO, einer Polizei und einem internationalen Netz von diplomatischen Vertretungen. Und das alles in einem Land, das mit knapp zweihunderttausend Seen und ebenso vielen Inseln jeden Verkehrsplaner zum Wahnsinn treiben kann, in dem die Straßen Temperaturschwankungen von bis zu hundert Grad standhalten müssen und die Steuerzahler dünn gesät sind.

Wo es nur wenige Steuerzahler gibt, muss der Staat dem Einzelnen eben etwas tiefer in die Tasche greifen: Der Steueranteil am Bruttosozialprodukt liegt in Finnland etwa so hoch wie in Schweden und Norwegen, derzeit bei stolzen vierundvierzig Prozent. Immerhin gibt der Staat das sauer verdiente Geld seiner Bürger nicht für die Rüstung aus; fast drei Viertel des Steueraufkommens werden für Renten, Sozialzuwendungen, Bildung und Gesundheitsfürsorge verwendet.

Das finnische Wirtschaftswunder

Nach dem Zweiten Weltkrieg steckte wie fast überall in Europa auch in Finnland die Wirtschaft in einer tiefen Krise. Die Kriegsreparationen, die an die UdSSR geliefert werden mussten, verschlangen einen Großteil der Exporte, beschleunigten allerdings auch Finnlands Industrialisierung. Die finnische Metallindustrie belieferte praktisch ohne Konkurrenz den sowjetischen Markt.

Als der Lebensstandard in den Siebzigerjahren langsam, aber sicher stieg, ebbte die Auswanderungswelle nach Schweden und in die anderen Länder ab. Dafür kam es zu einer neuen, nationalen Migration – zur Landflucht. Noch 1950 lebten mehr Finnen auf dem Land als in den Städten, zwanzig Jahre später war es umgekehrt.

In den Achtzigerjahren war Finnland zu einem wohlhabenden Land geworden. Die Wirtschaftspolitik aber war hinsichtlich ausländischen Eigentums weiterhin sehr restriktiv. Noch 1987 wurde ein Gesetz erlassen, demzufolge ein ausländischer Besitzanteil von vierzig Prozent an einer finnischen Firma als »gefährlich« einzustufen sei, und sämtliche Investitionen durch Nicht-Finnen mussten vom Handels- und Industrieministerium abgesegnet werden. Erst mit Finnlands EU-Beitritt wurden diese protektionistischen Regeln liberalisiert und die finnische Wirtschaft im Wesentlichen mit der Westeuropas gleichgeschaltet.

Die Achtzigerjahre heißen heute die Zeit des *kulutusjuhla*, des Konsumfests, denn damals saß das Geld sehr locker in den Taschen der Finnen. 1986 war das Kreditwesen liberalisiert worden, und die Banken drängten ihre Kredite den Konsumenten und der Industrie geradezu auf. Die Geldmenge vermehrte sich drastisch, was zu einem Preisanstieg vor allem bei Immobilien führte. Es kam zu einer Immobilien- und Börsenblase, während der einige Unternehmen mithilfe von geliehenem Kapital beachtliche Werte auf sich konzentrieren konnten. Das Wort Kasinowirtschaft fand Eingang in die finnische Sprache.

Die Blase platzte, als Anfang der Neunzigerjahre die Sowjetunion in Konkurs ging und der sogenannte Clearinghandel zwischen Finnland und seinem östlichen Nachbarn auf einen Schlag völlig zum Erliegen kam. Unter Clearinghandel verstand man ein einfaches, für Finnland sehr profitables System: Je mehr Finnland aus der UdSSR kaufte, umso mehr mussten die Sowjets den Finnen abkaufen, Importe und Exporte mussten sich die Waage halten.

Finnland erlebte die schwerste Wirtschaftskrise seiner bisherigen Geschichte. Während der einsetzenden Rezession kletterte die Arbeitslosenquote von 3,5 % auf 18,9 %, das Bruttosozialprodukt wurde im gleichen Zeitraum um 13 % kleiner.

Während der Wirtschaftskrise mussten die überschuldeten Banken mit Finanzspritzen aus Steuergeldern gerettet werden, die finnische Währung, die man bis jetzt künstlich teuer gehalten hatte, musste freigegeben, also gefloatet werden.

Der Schock der Rezession und die Unsicherheit, die im Verhältnis zum neuen, noch in Gärung befindlichen Russland beziehungsweise zur GUS, der Gemeinschaft Unabhängiger Staaten, entstanden war, sind sicher die Hauptgründe dafür, dass Finnland sich entschloss, der EU beizutreten. Auch dem gemeinsamen Währungsraum trat Finnland bei und bekam zusammen mit Griechenland als erstes Land in Europa im Januar 2002 den Euro – eine Stunde früher als die anderen, wegen der osteuropäischen Zeitzone.

Die Einführung des europäischen Geldes sorgte übrigens für hitzige Diskussionen in finnischen Kneipen, denn als die ersten Ein- und Zweieurostücke in Umlauf kamen, waren viele Finnen gar nicht zufrieden mit dem Umstand, dass ihr Land auf der internationalen Seite der Münzen nicht vollständig abgebildet war und zusammen mit Schweden aussah wie ... überzeugen Sie sich selbst.

Inzwischen hat sich Finnland von der großen Rezession der Neunziger erholt und auch danach einigen kleineren wirtschaftlichen Flauten standgehalten. Im Augenblick sind die dringlichsten Probleme der finnischen Wirtschaft ein akuter Mangel an qualifizierten Arbeitskräften und an ausländischen Investoren.

Viel Staat, wenig Konkurrenz

In wirtschaftlicher Hinsicht ist Finnland heute eine typische westeuropäische Industriegesellschaft: Der Anteil des Tertiärsektors, also der Dienstleistungen an der gesamten Volkswirtschaft, liegt bei etwa zwei Dritteln, ein knappes Drittel geht auf das Konto der Industrieproduktion, und nur noch zwei bis drei Prozent der Wertschöpfung entstehen durch sogenannte Urproduktion, also durch Fischfang, Land- und Forstwirtschaft.

Auch typisch für kleine, offene Volkswirtschaften ist, dass Finnland, obwohl hier hauptsächlich Dienstleistungen produziert werden, dennoch stark von Exporten abhängt. Finnische Produkte sind qualitativ hochwertig, aber erstens nicht ganz billig und zweitens international mit einigen wenigen Ausnahmen nicht sehr bekannt. Man muss sich schon ein bisschen anstrengen, um sie im Ausland zu verkaufen. Deshalb leistet man sich hier zusätzlich zum regulären Außenminister noch einen Außenhandelsminister.

Finnland ist eine gelenkte Volkswirtschaft und trägt sowohl kapitalistische als auch sozialistische Züge, wobei die kapitalistischen nach dem Anschluss an die Europäische Union langsam, aber sicher zu überwiegen beginnen. Im europäischen Kaufkraftvergleich, den die Schweiz anführt und dessen Schlusslicht Rumänien bildet, liegt Finnland im oberen Mittelfeld.

Die Einkommensunterschiede waren früher wie auch in den anderen nordischen Wohlfahrtsstaaten relativ klein. In den Neunzigerjahren aber begann diese Schere auseinanderzuklaffen, denn eine Steuerreform trennte die Besteuerung von Einkommen aus Beschäftigung und Einkommen aus Kapitalerträgen. Die Besteuerung von Kapitalerträgen ist seither deutlich leichter als die von regelmäßiger Lohnarbeit, und so wandelten Finnlands Bestverdiener ihre Einkünfte schleunigst in Kapitalerträge um. 1991 verdiente ein finnischer Firmenchef im Durchschnitt netto vierzehn Mal so viel wie ein durchschnittlicher Lohnempfänger, zehn Jahre später waren es schon dreißig Mal so viel, und der Trend setzt sich fort.

Politik und Wirtschaft sind in Finnland immer noch stark verzahnt, der Staat reguliert das Wirtschaftsleben und hält hohe Beteiligungen an zentralen, großen Firmen. So gehört ALKO, der Konzern, der sich um Herstellung und Vertrieb von Alkoholika kümmert, zu hundert Prozent dem Staat, ebenso wie die Itella AG (das, was von der finnischen Post übrig geblieben ist), die Lotteriegesellschaft, die Eisenbahn und verschiedene Betriebe aus der Finanz- und IT-Branche. Der Staat ist zudem Eigentümer der TÜV-Stationen, welche die technische Überwachung finnischer Automobile besorgen.

Eine der meistdiskutierten Beteiligungen ist die am mehrheitlich vom Staat kontrollierten Energiekonzern Fortum, der de facto eine Monopolstellung auf dem finnischen Markt hat. Diese Position ermöglichte es den Direktoren, sich selbst Prämien in zweistelliger Millionenhöhe auszuzahlen und gleichzeitig die Strompreise zu erhöhen. 2006 waren sechs der zehn bestbezahlten finnischen Manager Vorstandsmitglieder bei Fortum.

Die finnische Volkswirtschaft ist relativ klein und überschaubar, und fast jede Branche wird von einem oder zwei Betrieben dominiert, nur selten machen sich finnische Mitbewerber aggressiv Konkurrenz, denn es ist viel einfacher und profitabler, zusammenzuarbeiten. Um die Ernährung des Volkes und seine Versorgung mit Konsumgütern kümmern sich im Wesentlichen zwei Konzerne, zwei oder drei Banken beherrschen den Finanzmarkt, zwei große Medienkonzerne decken den Großteil des Marktes für Zeitungen, Zeitschriften, Bücher und elektronische Medien ab – Finnland ist ein Tummelplatz der Oligopole.

Vom Wald zur Elektronik

Noch Ende des 19. Jahrhunderts wurde Holz in Finnland hauptsächlich als Brennholz oder Baumaterial sowie für landwirtschaftliche Zwecke benutzt. Bereits in den Dreißigerjahren des zwanzigsten Jahrhunderts stellten die Exporte der Forst- und Papierindustrie dann den größten einzelnen Posten des finnischen Außenhandels dar. 1946 schließlich waren ganze 200 000 Menschen in der Branche beschäftigt.

Im Jahr 2006 wurden in Finnland Rekordmengen an Papierrohmasse, Papier und Karton hergestellt. Schätzungsweise lag der Bruttowert der forstwirtschaftlichen Produktion bei 21 Milliarden Euro; in der Forstindustrie arbeiten noch heute etwa 60 000 Finnen.

Längst hat sich die Branche zu multinationalen Konglomeraten und Konzernen zusammengeschlossen – die finnische Forst- und Papierindustrie ist da keine Ausnahme. Die größten in Finnland ansässigen Forst- und Papierkonzerne sind Stora Enso, UPM und M-Real, und alle sind eifrig damit beschäftigt, Kapazität in Europa und den USA abzubauen und die Produktion in Länder zu verlegen, in denen das Holz schneller wächst, die Umweltauflagen weniger streng und die

Arbeitskräfte billiger sind – also nach China und Südamerika. Allein in Europa haben die drei finnischen Konzerne in den letzten zwei Jahren fast sechzig Papierfabriken und Fertigungsstraßen stillgelegt.

Das grüne Gold, also der Rohstoff Holz, ist nicht mehr das, was es einmal war. In den Fünfzigerjahren lag der Anteil der Forstwirtschaft am finnischen Gesamtexport bei achtzig Prozent, heute sind es gerade noch zwanzig. Seit einiger Zeit schon ist die Elektronikbranche der wichtigste Faktor im Außenhandel, gefolgt von Metallindustrie und Maschinenbau.

Vor hundert Jahren haben sich die Finnen stolz als ein Volk von Bauern bezeichnet – inzwischen nennen sie sich stolz ein Volk von Ingenieuren. Wenn man die Innovationsfreude und das Tüftlertalent einer Kultur an der Zahl seiner Patente messen kann, dann stimmt die finnische Selbstwahrnehmung:

Der kaiserliche finnische Senat verlieh das erste finnische Patent im Jahr 1842, und zwar an den Bergmechaniker L. G. Ståhle für ein »aus Metall gefertigtes Blasgerät«, das in Hochöfen verwendet wurde. Inzwischen hat das nicht mehr kaiserliche finnische Patentamt mehr als hunderttausend Patente verliehen. Wenn man aus dieser Zahl die Anzahl der Patentanträge pro Einwohner berechnet, steht Finnland auf Platz vier der Weltrangliste nach Japan, Deutschland und den USA. Und auf der Liste der Hightechpatente ist Finnland mit riesigem Abstand Tabellenführer – auf dem zweiten Platz stehen die Niederlande, in denen allerdings weniger als halb so viel Hightecherfindungen gemacht werden wie in Finnland.

Als Beispiele für den finnischen Technologieboom mögen die Firmen Vaisala und Polar gelten. Beide sind auf ihrem Gebiet Marktführer und ständig mit der Weiterentwicklung ihrer Produkte beschäftigt. Vaisala stellt Messgeräte für die Meteorologie, für den Umweltschutz und für die Industrie her, Polar hat sich auf die Produktion von Herzfrequenzmessgeräten für Leistungs- und Freizeitsportler spezialisiert und entwickelt derzeit zusammen mit dem Sportartikelriesen Adidas intelligente Kleidung, die mit ihrem Benutzer kommuniziert und interagiert.

Tourismus

Eine Branche, von der Finnland sich viel verspricht und die in den letzten Jahren kräftig zugelegt hat, ist der Tourismus. Das Ergebnis einer Umfrage, die unter Finnlandbesuchern bei ihrer Einreise an Flughäfen, Straßenkontrollstellen und in Häfen durchgeführt wurde, zeigt, dass Finnlandbesucher in der Hauptsache aus den benachbarten Ländern kommen. 2008 besuchten mehr als sechs Millionen ausländische Gäste Finnland, das entspricht zwar in etwa nur der Anzahl der Oktoberfestbesucher in München, stellt aber immerhin einen Zuwachs von sechs Prozent im Vergleich zum Vorjahr dar. Die größte Gruppe der Finnlandtouristen kam aus Russland, nämlich mehr als ein Drittel der Gesamtbesucher, gefolgt von Urlaubern aus Schweden und Estland. Insgesamt bereicherten die Touristen die finnische Volkswirtschaft um 1,7 Milliarden Euro.

Nicht nur aus den Nachbarländern und dem übrigen Europa, auch aus dem fernen Asien reisen viele Menschen nach Finnland, meist allerdings ist ihr Aufenthalt eine hektische, nur wenige Stunden dauende Station auf einer Gewalttour, die sie innerhalb einer Woche durch ganz Europa führt. In Helsinki zumindest sieht man jeden Sommer mehr asiatische Touristen, besonders in der Nähe der massiven Jugendstilgebäude und im Sibelius-Park vor dem Sibelius-Denkmal.

Das Werk wurde 1967 von der finnischen Künstlerin Eila Hiltunen anlässlich des hundertsten Geburtstags des Komponisten aus 600 Stahlrohren zusammengeschweißt und in der

Öffentlichkeit hitzig diskutiert. Der Bezug zum Sujet ist eher abstrakt, das Monument ist mit gefährlich scharfen Kanten ausgestattet und wiegt stolze vierundzwanzig Tonnen. Amateurkunstkritiker nennen das Denkmal noch heute boshaft Stalin-Orgel.

Die beliebtesten Ziele für ausländische Besucher sind neben der Hauptstadt vor allem die finnische Seenplatte und die exotische Leere Lapplands. Die attraktivsten Freizeitaktivitäten jenseits des Polarkreises sind im Sommer Wandern, Fliegenfischen und Goldwaschen, im Winter die Teilnahme an Motor- oder Hundeschlittensafaris oder ein Besuch beim offiziellen Weihnachtsmann, zu dessen Ehren und Vermarktung in Rovaniemi, direkt am Polarkreis, ein ganzes Weihnachtsdorf errichtet wurde.

Oder aber man gibt sich der Beobachtung eines einzigartigen Naturschauspiels hin – der Nordlichter, auch aurora borealis genannt. Diese gibt es in Lappland mit mehr als fünfzigprozentiger Wahrscheinlichkeit – nur ich hatte bisher das unwahrscheinliche statistische Pech, nicht ein einziges Mal Augenzeuge eines solchen Fuchsfeuers zu werden, wie die Finnen das Nordlicht nennen. Einer alten Sage zufolge entstehen diese geheimnisvollen Himmelslichter nämlich, wenn ein Fuchs mit seinem Schwanz Schnee aufwirbelt.

Um die Vermarktung Finnlands als Urlaubsziel kümmert sich das zentrale Fremdenverkehrsamt, das dem Handels- und Industrieministerium unterstellt ist und sich alle Mühe gibt, Finnlands Naturschönheit und das reichhaltige Kulturangebot im Ausland zu vermarkten. Leider sorgt das Preisniveau in Finnland dafür, dass sich nur die etwas besser Verdienenden einen Urlaub hier leisten können, zudem wirkt das Image Finnlands als Reiseland nicht sehr verlockend. Bei einer diesbezüglichen Studie lag Finnland weit hinter den anderen Nordischen Ländern auf Rang 18. Die besten Noten bekamen die Finnen dabei von ihren Nachbarn aus Schweden und Russland, die schlechtesten von Befragten aus Lateinamerika und Afrika. Es sieht nicht aus, als ob Finnland in absehbarer Zeit Opfer des Massentourismus würde, und das ist vermutlich auch ganz gut so.

Wenn die Finnen ihrerseits Urlaub machen, suchen sie sich ihre Reiseziele nach klimatischen Gesichtspunkten aus. Die Sehnsucht nach erschwinglichem Sonnenschein hat seit jeher Spanien zum beliebtesten Urlaubsland der Finnen gemacht, und in den letzten Jahren findet man auch immer mehr finnische Sonnenanbeter in Thailand.

Eine unter Finnen besonders beliebte Art, das Land für kurze Zeit zu verlassen, ist eine Kreuzfahrt mit einem der zahlreichen Schiffe, die zwischen Finnland und Schweden beziehungsweise zwischen Finnland und Estland verkehren. Bei Tagesreisen nach Tallinn oder Stockholm kommt es meist nicht so sehr auf die Sehenswürdigkeiten am Zielort an als vielmehr auf den Umstand, dass man auf einer solchen Kreuzfahrt in internationale Gewässer gerät und daher den an Bord eines jeglichen Schiffs befindlichen Tax-Free-Shop frequentieren darf. Die Behauptung, die Motoren dieser Kreuzfahrtschiffe liefen nicht mit Diesel, sondern mit Alkohol, ist zumindest im ökonomischen Sinn zutreffend. Praktischerweise werden im Shop die zusammenlegbaren kleinen Karren, auf denen man bequem 96 Bierdosen nach Hause transportieren kann, gleich mitverkauft.

Nokia – Ein Konzern beherrscht ein Land

Es gibt eine finnische Firma, deren Produkte fast jeder Erdenbürger kennt, auch wenn längst nicht jeder weiß, dass das dazugehörige Markenzeichen finnischen Ursprungs ist.

Die Wiege von Nokia war ein kleines Sägewerk, das in der zweiten Hälfte des 19. Jahrhunderts in dem Örtchen Nokia am Nokia-Fluss in der Nähe von Finnlands heute zweitgrößter Stadt Tampere gegründet wurde. Mit dem Sägewerk aber wollte es nicht so recht aufwärtsgehen, und Anfang des 20. Jahrhunderts kaufte die *Suomen Gummitehdas Oy*, die Finnische Gummifabrik AG, das Werk auf – nicht, um das Geschäft fortzuführen, sondern um sich das Wasserkraftwerk des Sägewerks zu sichern. Ab sofort wurden in Nokia Gummiartikel hergestellt, allen voran Gummistiefel und Autoreifen, und der Name des Örtchens wurde zum Markenzeichen. 1922 kaufte das Unternehmen die *Suomen Kaapelitehdas Oy* auf, die Finnische Kabelfabrik AG, die Kabel für Telefon- und Telegrafenleitungen herstellte. Aus diesen drei Firmen entwickelte sich die Nokia AG, das Mutterunternehmen des heutigen Konzerns.

Nokia investierte extensiv in Forschung und Entwicklung auf dem Gebiet der elektronischen Kommunikation und Datenverarbeitung, und vor allem im Bereich mobile Kommunikation gelang den finnischen Ingenieuren manch entscheidender Durchbruch. Als mit dem Ende der Sowjetunion zu Beginn der Neunzigerjahre Finnlands Osthandel zusammenbrach, war Nokia sozusagen die Rettung der Nation. Zeitgleich mit der finnischen Wirtschaftskrise explodierte der internationale Markt für Mobiltelefone. Nokia stand mit der fertigen Technologie in den Startlöchern und sorgte so wieder für Umsatz, Geld und Arbeit.

Heute ist Nokia mit Abstand der größte finnische Konzern, sowohl was die Zahl der Beschäftigten als auch den Umsatz angeht. Das Bruttosozialprodukt Finnlands betrug 2007 179 Milliarden Euro. Der Umsatz von Nokia lag bei 51 Milliarden Euro, das sind also 28,5 Prozent des BSP. Oder anders ausgedrückt: Nokias Umsatz ist größer als der gesamte finnische Staatshaushalt.

Als größter privater Arbeitgeber und größter Steuerzahler des Landes kann sich der Konzern einiges erlauben, und bei wirklich weitreichenden Entscheidungen hat der Vorstandsvorsitzende von Nokia vermutlich mehr zu sagen als die jeweiligen Minister, die hinter sich zwar die Wählerstimmen, aber keinen wahren Muskel haben.

Übrigens: Nokia ist nicht nur in kürzester Zeit zum weltgrößten Hersteller von Mobiltelefonen aufgestiegen, sondern seit der Einführung von Handykameras auch zum weltgrößten Hersteller von Fotoapparaten, so ganz nebenbei.

Exportschlager Blitzkredit

Eine Neuheit ist der sogenannte *pikavippi*, der Blitzkredit, eine finnische Erfindung und ultramoderne Geschäftsidee.

Was tut ein Finne am Wochenende, wenn ihm plötzlich das Geld ausgeht? Er schickt eine SMS, bekommt ohne jede Sicherheit einen Kleinkredit in Höhe von 50 bis 400 Euro, der innerhalb von Minuten auf seinem Konto erscheint und den er an der nächsten Straßenecke am Automaten abheben kann. Zurückzahlen muss man solche Blitzkredite innerhalb von zwei bis vier Wochen, und der effektive Jahreszins kann bei über tausend Prozent liegen.

Diese Art, Wucherzinsen einzustreichen, ist aus zwei Gründen möglich: Erstens hat Finnland eine der besten Kommunikations-Infrastrukturen der Welt, und zweitens haben die Bankengesetze Löcher in der Größe von Scheunentoren.

Die finnischen Blitzkredite gibt es inzwischen auch in Schweden, Tschechien und den USA, aber noch weiß dort niemand, dass es sich bei diesem trickreichen Finanzinstrument um eine Segnung des finnischen Erfindergeistes handelt.

Schluss

Bei meiner Ankunft in Finnland vor inzwischen über fünfundzwanzig Jahren erzählte man mir den sogenannten Elefantenwitz, über den ich damals aus Mangel an Verständnis nicht lachen konnte: Ein Deutscher, ein Franzose und ein Finne sind auf Safari. Sie sehen einen Elefanten. Der Deutsche überlegt sich, wie viel er wohl verdienen würde, wenn er den Elefanten erlegen und die Stoßzähne verkaufen würde. Der Franzose ist verzückt vom Anblick des exotischen Tieres und preist die Schönheit von Gottes Schöpfung. Der Finne versteckt sich hinter einem Busch und macht sich Sorgen darüber, was der Elefant wohl von Finnland hält.

Vor ein paar Jahren hat der ehemalige finnische Außenminister einen Ausschuss eingesetzt, der die illustren Köpfe aus den Bereichen Politik, Bildung, Wirtschaft, Kunst, Kultur und natürlich Sport miteinander vereint und dessen Aufgabe es ist, Finnlands Image im Ausland aufzupolieren. Man will Finnland profilieren und zu einem Markenzeichen entwickeln, unter dem finnische Produkte und Dienstleistungen global besser vermarktet werden können. Und man will der Tourismusbranche auf die Sprünge helfen, die aufgrund des unberechenbaren Wetters, der astronomischen Preise und der unterentwickelten Servicekultur auf internationalen Foren keine besonders guten Noten bekommt. Es geht, so sagen der Leiter des Ausschusses, Jorma Ollila, Ex-Nokiachef, und Martti Ahtisaari, Ex-Staatspräsident und Friedensnobelpreisträger, um nichts weniger als um das »nationale Selbstwertgefühl«.

Dieses nationale Selbstwertgefühl macht den Finnen anscheinend immer noch zu schaffen, obwohl sie eigentlich erreicht haben, wonach sie sich immer gesehnt haben. Innerhalb weniger Jahrhunderte sind sie von mystischen Waldbewohnern zu einem souveränen Staat mit eigener Kultur geworden, es gibt mehr Finnen als je zuvor, und es geht ihnen besser als je zuvor.

Die Finnen sind zu allem fähig, wenn es ums eigene Überleben geht, und wild entschlossen, wenn es gilt, ihr Land als gleichwertige Nation neben anderen zu etablieren. Und sie sind flexibel: Allein in den etwas mehr als zwei Jahrzehnten, die ich hier verbracht habe, durfte ich Zeuge eines radikalen Kurswechsels werden: Finnland hat in Rekordzeit den Übergang vom *Vertrag über Freundschaft, Zusammenarbeit und gegenseitigen Beistand* mit Moskau zum Mitgliedsvertrag in Brüssel geschafft, und das ohne Revolution und ohne Änderung der Staatsform, geschmeidig, fließend und mit traumwandlerischer Sicherheit.

Finnlandisierung ist, wenn man genauer hinsieht, etwas sehr Sympathisches: In Helsinki stehen Denkmäler für russische Zaren, schwedische Adlige und deutsche Soldaten, für die finnisch-sowjetische Freundschaft, für den Weltfrieden und für den unbekannten ertrunkenen Seemann. Wenn die Geschichte einen Schritt weitergeht, lässt man in Finnland die Denkmäler einfach stehen und gießt die Blumen weiter. Geschichte ist Geschichte, Schwamm drüber und stolz drauf.

Inzwischen ist Finnland nicht mehr neutral, und das kann

man auch spüren. Seit ein paar Jahren wird in den finnischen Medien laut über mögliche Segnungen und mögliche Flüche einer Mitgliedschaft in der NATO nachgedacht, und wenn in Finnland laut über etwas nachgedacht wird, ist es meist schon so gut wie beschlossene Sache.

Das Ende der Neutralität und Finnlands Entscheidung für den Westen hat mindestens eine positive Nebenwirkung: Die Zeit der Selbstzensur und des Großen Konsensus ist vorbei, und das neue Finnland hat gelernt, sich bei Cocktails, Internet und Snowboarding zu entspannen. Es scheint, als ob das Land sich endlich traut, die allzeit verteidigungsbereiten Fäuste zu senken und sich gemütlich zurückzulehnen. Finnland ist heute trotz seiner kleinen Bevölkerung, seiner linguistischen Abgeschiedenheit und seiner Oligopole ein erstaunlich liberaler, pluralistischer und demokratischer Staat, in dem man es mehr als aushalten kann. Wenn eben nur das Wetter nicht wäre.

Ich wünsche meiner Wahlheimat, dass es ihr gelingt, sich in Frieden und mit vergnügter Selbstironie als moderne, multikulturelle Nation zu genießen, bevor das Zeitalter der Nationalstaaten endgültig zu Ende geht.